CW01424457

Aserbaidschan entdecken

Reiseführer
Durch den Kaukasus

Teppichmuseum in Baku

Über die Autorin:
Beatrice Sonntag ist eine deutsche Reisebuchautorin, Bloggerin und Weltreisende, die schon weit mehr als die Hälfte aller Staaten dieser Erde besucht hat. Sie hat seit 2011 sechs Bücher mit Reiseerzählungen veröffentlicht, sowie Reiseführer über Bhutan, Burkina Faso, Mosambik, Weißrussland, Ghana, Nicaragua und die Elfenbeinküste. Nun erscheint der Reiseführer über Aserbaidschan, ein weiteres Land, zu dem es nur wenig Literatur in deutscher Sprache gibt.

Beatrice Sonntag

Aserbaidschan entdecken

Reiseführer
Durch den Kaukasus

Moschee im Shirwanshah Palast in Baku

ISBN: 9 783 752 811 674
© 2018: Beatrice Sonntag
Bilder: Dagmar Schirra
Herstellung und Verlag: BOD – Books on demand
Norderstedt

Inhaltsverzeichnis

Einleitung

Aserbaidschan ist nicht ganz so bekannt wie seine Nachbarländer Armenien und Georgien, die ebenfalls im **Kaukasus** liegen. Noch vor einigen Jahren war es einfacher, Georgien oder Armenien zu bereisen, aber spätestens seit Aserbaidschan im Jahr 2017 seine Visapolitik umgestellt und das Verfahren erleichtert hat, gehört das Land zu den unkomplizierteren Reisezielen und ist eine echte Alternative für Kaukasus-Fans.

In Aserbaidschan treffen die Kulturen des Kaukasus mit denen Persiens, der Türkei und Russlands zusammen und bilden eine besonders interessante Mischung. Das Land ist hauptsächlich muslimisch geprägt, aber der **Islam** wird hier in einer weniger konservativen Ausprägung gelebt. Alkohol wird zum Beispiel überall getrunken.

Das Reisen in und um Baku ist dank moderner Infrastruktur sehr bequem. Aber auch Reisen in entlegenere Winkel des Landes sind bedenkenlos und problemlos möglich. Es gibt viel zu entdecken zwischen einer **hochmodernen Hauptstadt** und kleinen **verschlafenen Bergdörfern** in den Ausläufern des Kaukasus. Die charmanten und hilfsbereiten Bewohner Aserbaidschans sind freundlich und nicht aufdringlich, sowohl in den touristischen als auch den abgelegenen Gebieten.

Übersichtskarte

Top 10 in Aserbaidschan

1) **Baku** – Pulsierende Weltstadt in der Alt und Neu aufeinander treffen
2) **Gobustan** – Jahrtausendealte Petroglyphen in felsiger Landschaft
3) **Sheki** – Khanpalast und malerische Altstadt
4) **Absheron Halbinsel** – Feuertempel und Festungstürme
5) **Shahdag Nationalpark** – Traumhafte Berglandschaften im Kaukasus
6) **Shamakhi** – alte Khansgräber und eine moderne Moschee
7) **Schlammvulkane** – Heilkraft aus der Erde
8) **Ganja** – Heimat von Nizami Ganjavi
9) **Göygöl** / Helenendorf – Deutsches Erbe im Kaukasus
10) **Lenkoran** – Artenreiches Tiefland

Souvenirs in Sheki

Daten und Zahlen (Zahlen aus 2017)

Aserbaidschan ist 86.600 km² groß. Etwa 2.600 km Grenze trennen Aserbaidschan von seinen Nachbarstaaten, während das Land zudem eine etwa 800 km lange Küste am Kaspischen Meer hat. Der tiefste Punkt des Landes liegt bei -28 Metern am Kaspischen Meer und der höchste Punkt ist der Bazardüzü Dagi mit 4.466 Metern.

Aserbaidschan hat 9,5 Millionen Einwohner. 53,1% der Einwohner Aserbaidschans leben in Städten. Das **Bevölkerungswachstum** beträgt etwa 1,3% pro Jahr und 23% der Menschen sind jünger als 14 Jahre. Die Lebenserwartung in Aserbaidschan beträgt für Männer 69,5 Jahre und für Frauen 75,8 Jahre. Insgesamt liegt sie bei 72,5 Jahren.

Geografie

Aserbaidschan grenzt an **Russland, Georgien, Armenien, die Türkei und den Iran**. Die Grenze zur Türkei ist nur 15 Kilometer lang. Aserbaidschan hat eine Nord-Süd-Ausdehnung von etwa 400 Kilometern und eine Ost-West-Ausdehnung von etwa 500 Kilometern.

40% der Landesfläche sind gebirgig, wobei die drei Hauptgebirgsketten der **Große und der Kleine Kaukasus** sowie **das Talyschgebirge**. Der höchste Berg ist der **Barardüzü Dagi** im Großen Kaukasus mit 4.466 Metern.

Eine geologische Besonderheit Aserbaidschans sind die **Schlammvulkane**. Tatsächlich befindet sich etwa die Hälfte aller Schlammvulkane der Welt in Aserbaidschan.

Es gibt mehr als 8000 Wasserläufe im Land, wobei aber nur 24 davon als Flüsse gezählt werden. Der längste unter ihnen ist der **Kura** mit 1.515 Kilometern Länge. Sie fließt von der Türkei durch Georgien, um in Aserbaidschan ins Kaspische Meer zu münden. Vorher schließt sich ihr noch der Aras an.

Zum aserbaidschanischen Staatsgebiet gehören einige **Inseln im Kaspischen Meer**, nämlich Bulla, Çikil, Çilov, Gil, Glinyaniy, Nargin, Pirallah, Qara Su, Qum, Səngi Muğan, Vulf und Zənbil.

Bevölkerung und Gesellschaft

Aserbaidschan hat etwa 9,5 Millionen Einwohner. Etwas mehr als die Hälfte der Menschen lebt in Städten.

Neben knapp **92% Aserbaidschanern** leben auch 2% Lesgier, 1,5% Armenier, 1,5% Russen, 1,2% Talyschen, 0,5% Türken, 0,5% Awaren und 0,5% Tataren in Aserbaidschan. Außerdem gibt es kleine Minderheiten von Taten, Ukrainern, Zachuren, Juden, Georgiern, Kurden, Grizen, Mescheten, Udinen und Chinaligen.

Im 19. Jahrhundert sind etwa 20.000 **Deutsche** aus Schwaben auf eine Initiative von Zar Alexander I nach Aserbaidschan ausgewandert. Allerdings wurde die große Mehrheit von ihnen während des Zweiten Weltkrieges deportiert, so dass kaum noch welche übrig sind. In einigen ihrer ehemaligen Kolonien (unter anderem auch Traubenfeld, Annenfeld und Helenendorf) findet man aber noch Spuren **deutscher Kultur** und Architektur.

Etwa 12-15 Millionen Aserbaidschaner leben heute im Iran, wo sie mit 16% eine große Minderheit bilden. Im **Nordwesten des Iran** leben also mehr Aserbaidschaner als in Aserbaidschan selbst. Seit 1993 besteht ein Konflikt mit Armenien, in dem es um die Zugehörigkeit von Bergkarabach zu Armenien oder zu Aserbaidschan geht. Die Exklave wird aktuell von den Armeniern kontrolliert. Seither sind mindestens 600.000 Aserbaidschaner ausdieser Region nach Aserbaidschan geflohen. Sie leben unter schlechten Bedingungen und hoffen auf das Ende der Besatzung, um bald nach Bergkarabach zurückkehren zu können.

In der **autonomen Republik Nachitschewan** leben knapp 400.000 Menschen. Diese Exklave Aserbaidschans ist von Armenien und dem Iran umgeben.

In Nachitschewan leben heute fast nur noch Aserbaidschaner. Armenier, die einst einen großen Teil der Bevölkerung dieser Region ausgemacht hatten, sind aufgrund von Repressalien fast vollständig

nach Armenien ausgewandert. Die 5500 Quadratkilometer große Republik hat ein eigenes Parla-
ment und eine eigene Verfassung. Die Amtssprache ist aserbaidschanisch.

Geschichte

Frühgeschichte
Die Azykh Höhle in der Region Fizuli in Aserbaidschan gehört zu den ältesten bisher entdeckten
Siedlungen von Urmenschen in Eurasien. Die
Funde in dieser Höhle sind 700.000 Jahre alt. Es
wurden Knochen gefunden, die etwa 300.000
Jahre alt sind und Felszeichnungen, die zwischen
20.000 und 5.000 Jahre alt sind.
Zu den verschiedenen kaukasischen Völkern, die
auf dem Gebiet des heutigen Aserbaidschan gelebt
haben, gehören die **kaukasischen Albanier**. Im 9.
Jahrhundert vor Christus kamen die Skythen und
im 6. Jahrhundert vor Christus die Achämeniden,
die die Region im Südkaukasus eroberten. In dieser Zeit breitete sich die zoroastrische Religion
aus. Alexander der Große besiegte die Achämeniden um 330 vor Christus. Vom 2. Jahrhundert vor
bis zum 5. Jahrhundert nach Christus bestimmte
ein armenisches Königreich die Geschicke auf
dem Gebiet des heutigen Aserbaidschan. Bei diesen Armeniern handelte es sich um die **Arsakiden**,
die schließlich das gesamte kaukasisch albanische
Reich unter ihre Kontrolle brachten. Der König

von kaukasisch Albanien trat zum Christentum über und machte es im 4. Jahrhundert zur Staatsreligion, während das Reich zwar weiter bestand, die Armenier aber das Sagen hatten bis später die **Sassaniden aus Persien** das Land eroberten. Schließlich eroberten muslimische Araber im Jahr 642 ganz Persien und damit auch kaukasisch Albanien. Nachdem das persische **Reich der Meden** gefallen war, eroberte Kyros II im 6. Jahrhundert das heutige Aserbaidschan. Schließlich eroberte Alexander der Große die Region und nach seinem Tod 323 vor Christus entstand bald ein neues kaukasisch albanisches Reich.

Nach und nach siedelten sich immer mehr Nomaden aus Zentralasien an, wie auch Nomaden aus der Gegend von Persien. Auch die **Hunnen** und die Chasaren kamen auf ihren Streifzügen ins Land, siedelten sich aber nicht an.

Antike

Es bestanden im 1. Jahrhundert vor Christus mehrere kaukasisch albanische Königreiche, deren Grenze zu Armenien damals vom Fluss Kura gebildet wurde. Schließlich eroberten die **Römer** die Region, was zum Beispiel **Steininschriften in Gobustan** beweisen. Die Parther hatten währenddessen die Kontrolle über den Süden Aserbaidschans. Im 4. Jahrhundert konnten die kaukasischen Albanier ihre Gebiete zurückerobern. Sie konvertierten zum **Christentum** unter König Urnayr, wobei der

Islam und die **zoroastrische Religion** auch weiterhin verbreitet blieben.

Mittelalter

Anfang des 7. Jahrhunderts entstanden die Staaten **Derbent und Lekia**. Im 7. und 8. Jahrhundert eroberten arabische Truppen die Region und verbreiteten den Islam so gründlich, dass die christlichen Kirchen fast vollständig verschwanden.

Um 800 nach Christus entstand das Reich der Shirwanshahs, dessen erste Hauptstadt Shamaki war. Südlich der Kura entstand im 9. Jahrhundert der **Staat Ganja**. Zu dieser Zeit, im ersten Drittel des 9. Jahrhunderts eroberten die Georgischen Heretier den Rest des bis dahin noch bestehenden kaukasischen Albania.

Ab dem 11. Jahrhundert fielen die **Seldschuken** immer wieder auf dem Gebiet Aserbaidschans ein und schließlich konnten die Georgier Shirwan, Ganja, Lekia und Derbent unterwerfen.

1220 kam es dazu, dass der Süden des heutigen Aserbaidschan vom Choresm-Schah und der Norden vom berühmten **Dschingis Khan** erobert wurden. Die Mongolen drangen im 13. Jahrhundert immer weiter vor und konnten schließlich auch den Süden unterwerfen. Der einzige Herrscher, der weiterhin als Vasall im Amt blieb war der Shirwanshah.

1336 erklärte der Shirwanshah sein Reich wieder für unabhängig. Es war damals fast so groß wie das heutige Aserbaidschan. Einige kleinere Teile waren jedoch immer noch unter georgischer Herrschaft.

1390 eroberte Timur von Samarkand aus kommend das gesamte Gebiet. Timur starb 1405 und seine Stammesföderation übernahm die Herrschaft. In Derbent sammelte sich der Staat der Shirwanshahs wieder, um schließlich Ende des 15. Jahrhunderts die Eroberer wieder zu vertreiben. Neben dem **Staat des Shirwanshah** entstand nun auch das **Khanat Karabach**.

Frühe Neuzeit

Die persischen Safawiden konnten im 15. Jahrhundert ihr Reich im Süden unter Ismail I gründen. Er wurde 1502 schließlich sogar der erste persische Schah der Safawiden. Die **Safawiden** konnten Shirwan, Sheki und Karabach zu Provinzen ihres Reiches machen. Neben der persischen war auch die **aserbaidschanische Sprache** damals Amtssprache. Das lag daran, dass die Safawiden eigentlich einen aserbaidschanischen Ursprung hatten. Zu dieser Zeit waren Baku und Shamakhi die wichtigsten Städte des Reiches.

Von 1587 bis 1629 herrschte **Abbas I** über Persien. Er verlegte seine Hauptstadt nach Isfahan, wodurch Aserbaidschan an Bedeutung verlor und zur Provinz wurde. 1590 kam es zu einer kurzen Episode, in der das osmanische Reich Aserbaidschan erobert hatte. Nur Sheki blieb als Vasallenstaat bestehen. Wenige Jahre später eroberte Persien aber das gesamte Gebiet zurück. Ein kleiner Teil im Norden, der von Dagestan erobert worden war, wurde im Zuge dieser Kriege ebenfalls zurückgewonnen.

1723 schließlich fiel Aserbaidschan im russisch-persischen Krieg an **Russland**. Zar Peter I war nun der Herrscher. Im Zuge dieses Krieges konnten sich Sheki, Shirwan und Salyan wieder unabhängig machen. Die **Osmanen eroberten Nachitschewan**. 1736 eroberte Persien unter Nadir Shah jedoch wiederum alles zurück. Nadir Schah wurde 1747 ermordet, wodurch in Aserbaidschan wieder unabhängige Khanate entstehen konnten. Es bildeten sich **20 Khanate**, die untereinander bis 1800 einige Kriege führten. Dann waren das russische und das persische Reich wieder stark genug, um die nächsten drei **russisch-persischen Kriege** zu führen. Im zweiten dieser Kriege fielen Nachitschewan und Irewan unter russische Herrschaft. Im dritten russisch persischen Krieg fiel auch Turkmantschai den Russen zu. Die Grenze, die 1814 festgelegt wurde, ist noch heute die Linie, die den Iran von Aserbaidschan trennt.

Neuzeit
Eine neue Ära brach für Aserbaidschan in den 1870er Jahren an, als erstmals ernsthaft Öl gefördert wurde. Die weltweit erste **Ölbohrung** mit modernen Techniken hatte bereits 1844 im Süden Bakus stattgefunden, also schon 15 Jahre bevor in den

USA in Pennsylvania die ersten Ölquellen ausgebeutet wurden.

Der Versuch des russischen Zaren, gemeinsam mit Armenien und Georgien eine **transkaukasische Republik** zu gründen ging schief und so entstand am 28. Mai 1918 die **erste Demokratische Republik Aserbaidschan**. Ganja wurde als Hauptstadt gewählt. Fätälikhan Hoylu wurde der erste Ministerpräsident der Republik und Məhəmməd Əmin Rəsulzadə von der Partei Müsavat wurde Präsident.

Der Osten Aserbaidschans mit Baku war zunächst nicht Teil der Republik, sondern eine pro-sowjetische Kommune, die ebenfalls 1918 gegründet wurde. Der Osten geriet bald unter **osmanische Herrschaft** und es kam zu Kämpfen mit in Persien stationierten britischen Truppen. Es kam zu Massakern an der muslimischen und später an der armenischen Bevölkerung. Im November 1918 konnte in Murdos ein **Waffenstillstand** ausgehandelt werden und das Gebiet fiel **unter britische Kontrolle**.

Im Januar 1920 erkannten die Alliierten Aserbaidschan als unabhängiges Land an und der amerikanische Präsident Woodrow Wilson empfing Abgeordnete der aserbaidschanischen Regierung offiziell. Schon im April 1920 fielen jedoch sowjetische Truppen in Aserbaidschan ein und beendeten die sehr kurze Unabhängigkeit. Das aserbaidschanische Militär war durch die stetigen Auseinandersetzungen mit armenischen Guerillakämpfern so geschwächt, dass es den sowjetischen Angreifern nichts entgegen setzen konnte. Fortan regierte ein **russisches Okkupationsregime** von Baku aus. Aserbaidschan wurde zur Sowjetrepublik und schließlich mit Armenien und Georgien zur **Transkaukasischen Föderativen Sowjetrepublik** zusammengelegt. Aserbaidschan war nun Teil der **UDSSR**. Diese Zusammenlegung gefiel keinem der drei Partner. 1936 wurde Aserbaidschan eine **selbstständige Sowjetrepublik**. Die russische Sprache wurde in Schulen gefördert und damit verbreitet. Moscheen und Synagogen wurden geschlossen und viele liberale Autoren bekamen Schreibverbot.

1988 beantragte die armenische Bevölkerung, dass Bergkarabach aus der aserbaidschanischen in die armenische Gebietshoheit übergehen solle. In diesem Jahr fanden mehrere anti-armenische Pogrome in Aserbaidschan statt.

Die Regierung der Sowjetrepublik Aserbaidschan sah, dass die UDSSR im Zerfall begriffen war und verabschiedete 1989 das Verfassungsgesetz zur **Souveränität Aserbaidschans**. Unterdessen kam es zu Demonstrationen und zu weiteren Zusammenstößen zwischen Armeniern und Aserbaidschanern. Im Januar 1990 verhängte die UDSSR, die noch immer offiziell die Kontrolle hatte, den **Ausnahmezustand** über Aserbaidschan und schickte Truppen. Dieser Militäreinsatz forderte allein in der Hauptstadt **Baku 170 Tote** und mehr als 400 Verletzte. Nachdem der Putschversuch im

August 1990 in Moskau gescheitert war, rief Aserbaidschan seine Unabhängigkeit aus. Aserbaidschan wurde **Mitglied der Gemeinschaft unabhängiger Staaten** (GUS).

Der erste Präsident wurde **Ayaz Mütəllibov**. Er regierte von Oktober 1991 bis Mai 1992. Zum ersten frei gewählten Präsidenten wurde im Juni 1992 Abulfaz Eltschibey, der 60,9% der Stimmen erhielt und der Partei „Volksfront Aserbaidschans" angehörte. Auch er wurde vom mittlerweile offen verlaufenden **Krieg um Bergkarabach** wieder aus dem Amt befördert. Im September kam **Heydər Əliyev** (Heyder Aliyev), Mitglied der gerade gegründeten Partei „Neues Aserbaidschan" und ehemaliger Geheimdienstmitarbeiter an die Macht. Er hatte gute Beziehungen zur Türkei, zu Russland, zum Iran und zu den USA.

1995 wurde eine neue Verfassung verabschiedet, die ein **Präsidialsystem** einrichtete. Zu Anfang war die politische Lage mit einigen Putschversuchen und hoher Fluktuationsrate in der Regierung noch instabil, wozu auch der **Bergkarabachkrieg** beitrug. Əliyev konnte aber die Wogen glätten und regierte mit strenger Hand.

2002 wurde sein Sohn **İlham Əliyev** zum Präsidenten erkannt. Infolge von Wahlen, die von vielen Seiten als manipuliert und unfrei kritisiert wurden, wurde er 2003 im Amt bestätigt. Er regiert bis heute und hat seither eine Art Personenkult um seinen Vater aufgebaut. Überall im Land sieht man

Statuen und Plakatwände, die Heydər Əliyev zeigen. Ilham Aliyevs Frau Mehriban Aliyev ist Vizepräsidentin von Aserbaidschan.

In den vergangenen Jahren bemüht sich Aserbaidschan um **internationale Aufmerksamkeit**, was vor allem über internationale Veranstaltungen wie den Eurovision Song Contest, Formel 1 Rennen und andere große Sportveranstaltungen in Baku vorangetrieben wird.

Wirtschaft

Nachdem Aserbaidschan in den frühen 90er Jahren seine Unabhängigkeit von der Sowjetunion erklärt hatte, genoss das junge Land einige Unterstützung auf internationaler Ebene. Bald konnte Aserbaidschan eine eigene weitgehend auf Öl basierende und von Russland unabhängige Wirtschaft entwickeln. Das Bruttosozialprodukt stieg Jahr um Jahr an. Einige Jahre lang hatte Aserbaidschan die höchsten **Wachstumsraten** der Welt zu verzeichnen. Diese haben sich seither etwas abgeflacht, sind aber immer noch recht gut und das Land ist weiterhin im Wachstum begriffen.

Öl macht noch immer etwa 67% der Wirtschaft des Landes aus und das schon seit etwa 100 Jahren. Die **Ölvorkommen im kaspischen Meer**, die Aserbaidschan mit den anderen Anrainerstaaten teilt, sind wahrscheinlich so groß wie die in der

Nordsee. Daher wird sich die Ölförderung in Aserbaidschan voraussichtlich in den kommenden Jahren noch verstärken.

Der Bau der **Baku-Tbilisi-Ceyhan Pipeline** wurde in 2006 begonnen und hat Aserbaidschan den Ölexport in noch mehr Staaten ermöglicht. Diese Pipeline transportiert Öl vom kaspischen Meer über Georgien in die Türkei und soll in den kommenden 30 Jahren mehr als 150 Milliarden Euro ins Land bringen. Der steigende Ölpreis kommt Aserbaidschan zu Gute.

Die **Landwirtschaft in Aserbaidschan** hat den Vorteil, dass das Land sich über neun Klimazonen hin erstreckt und daher eine große Vielfalt an Agrarprodukten hervorbringt. Die Landwirtschaft stellt die ideale Ergänzung zur Petroleumwirtschaft dar. Die **aserbaidschanische Währung**, der Manat, ist seit vielen Jahren **sehr stabil**.

Trotz wirkungsvoller Reformen und Stabilisierungsprogramme in Zusammenarbeit mit dem Internationalen Währungsfonds hat der Fortschritt die öffentliche Verwaltung nicht erreicht. Die meisten landwirtschaftlichen Flächen gingen in den privaten Sektor über. Es werden Baumwolle, Gemüse, medizinische Pflanzen und Wein angebaut.

Neben dem Öl und der Landwirtschaft spielen auch andere Ressourcen eine Rolle. So gibt es in Aserbaidschan zum Beispiel Vorkommen von Silber, Eisen, Kupfer, Gold, Mangan, Chrom, Titan, Kobalt und Molybdän, die abgebaut werden.

Klima

Aserbaidschan liegt in den **Subtropen**. Das Land weist jedoch sehr starke Höhenunterschiede auf, weshalb die Temperaturen und Niederschlagsmengen regional stark schwanken.

Ganz im Süden liegt das **Lenkoran Tiefland**, das zu den feuchten Subtropen zählt. Hier liegen die Niederschläge bei 1.800ml im Jahr und sie fallen zum Großteil im Winter. Dann fallen die Temperaturen auf um die 6 Grad im Durchschnitt. Im **Sommer** wird es hier durchschnittlich bis zu 27 Grad warm, wobei auch Tage mit bis zu 40 Grad keine Ausnahme sind.

Die **Kura Ebene** hat ein **Halbwüstenklima** mit milden Wintern und trockenen, sehr heißen Sommern. Die jährliche Niederschlagsmenge beträgt hier nur maximal 300ml.

An der **Küste** und rund um die Hauptstadt Baku herrscht **feucht-warmes subtropisches Klima**. Von Mai bis September muss man mit Hitze und teils auch Schwüle rechnen. Im Juli und August liegen die Durchschnittstemperaturen bei 26 Grad, wobei oft die 40 Grad-Marke erreicht wird. Im **Winter** ist die Küstenregion deutlich kühler mit Werten um die 4 Grad im Januar und Februar. Die Niederschläge im Küstengebiet liegen um die 1000-1200 ml im Jahr.

Im **Großen und Kleinen Kaukasus** herrscht in Höhenlagen ein anderes Klima. Hier sind starke

Niederschläge und niedrige Temperaturen vor-
herrschend. Im Winter wird es mit -3 bis -10 Grad
sehr kalt und im Sommer liegt die Durchschnitts-
temperatur bei etwa 5 Grad. Die Niederschläge
von 1.300 bis 1.600 ml fallen zum Großteil im
Herbst, teils auch in Form von Schnee.

Fauna und Flora

Aserbaidschan umfasst **neun verschiedenen Klimazonen** und ist daher sehr artenreich. Etwa 4200
Pflanzenarten und **850 Tierarten** kommen im ganzen Land vor.
Von den 4200 Pflanzenarten sind etwa 10% endemisch in Aserbaidschan. In den tiefer liegenden
Regionen gibt es **Feuchtgebiete** und trockenere
Landschaften. Die gebirgigen Regionen im Norden des Landes sind deutlich artenreicher. Hier
wechseln sich **Laub- und Mischwälder** mit Wiesen ab. Es gibt Buchen, Eichen, Kastanien und
Kiefern. Die Eldarkiefer gehört zu den endemi-
schen Gewächsen und kommt schon seit vielen
Millionen Jahren allen klimatischen Veränderun-
gen zum Trotz in der Gegend vor. Eine weitere ur-
alte Baumart ist der Eisenbaum, welcher in Form
von Reliktwäldern unter anderem im Hirkan Nationalpark wächst.

Die Tierwelt Aserbaidschans ist ähnlich wie die
Pflanzenwelt sehr abwechslungsreich. Dies hängt

ebenfalls mit der Tatsache zusammen, dass es so viele verschiedene Klimazonen und damit unterschiedliche Habitate gibt.

Zu den unter Artenschutz stehenden Tieren gehören der **Leopard**, der **Wolf**, die Kopfgazelle und der **Bär**. Es gibt sie noch vereinzelt in den kaukasischen Wäldern und Bergregionen. Hier leben auch Gämsen, Rotwild und andere Waldbewohner. Stachelschweine, Hyänen und Schakale leben in den etwas wärmeren Klimazonen. Endemisch und einmalig ist das **Karabach-Pferd**, welches in der Region Bergkarabach gezüchtet wird. Es gilt als die älteste Pferderasse in Asien und seine Züchtung hat eine lange Tradition.

Das kaspische Meer bietet vielen Meereslebewesen eine Heimat. So kommt hier zum Beispiel die **kaspische Robbe** vor. Natürlich gibt es viele Fischarten, wie zum Beispiel Heringe, Sprotten und den Stör, dessen Kaviar so beliebt ist.

Vogelfreunde kommen in den verschiedenen Schutzgebieten und an den Küsten Aserbaidschans auf ihre Kosten, denn es gibt **rosa Flamingos**, Pelikane, Reiher und zahlreiche Raub- und Seevogelarten.

Umwelt und Naturschutz

Die Umwelt Aserbaidschans wurde in den vergangenen Jahrzehnten stark von der Schwerindustrie und der Landwirtschaft in Mitleidenschaft gezogen. Bereits seit dem 19. Jahrhundert leidet das kaspische Meer unter Verschmutzungen durch die **Offshore-Ölquellen**, die damals vom russischen Zarenreich in Betrieb genommen wurden und bis heute einer der Hauptpfeiler der Wirtschaft des Landes sind. Seither ist es leider üblich, dass überschüssiges oder unbrauchbares Öl ins Meer eingeleitet wird. Auch verschiedene unbehandelte Abwässer werden (wenn auch in den vergangenen Jahren langsam immer weniger) ins Meer eingeleitet. Unter der **Verschmutzung des Wassers** im kaspischen Meer leiden auch die Störvorkommen. Ein weiteres Umweltproblem ist die Luftverschmutzung, die vor allem in den Städten spürbar ist. Sie ist weitgehend auf die ölverarbeitende Industrie und deren Abgase zurückzuführen. Im Zentrum von Baku spürt man hiervon allerdings nichts.

Als in den 80er Jahren der Umweltgedanke die damalige UDSSR erreichte, waren weite Flächen Aserbaidschans bereits von Pestiziden und Dünger stark beeinträchtigt. Dies machte sich damals unter anderem in einer erhöhten **Kindersterblichkeitsrate** bemerkbar. Seither hat sich in diesem Bereich viel getan und der Fortschritt hält in der aserbaidschanischen Landwirtschaft an vielen Orten Einzug. Die Menschen werden sich nach und nach der verschiedenen **Umweltprobleme bewusst**. Aber in der politischen Szene ist das Thema noch unterrepräsentiert. Seit 2001 gibt es ein Umweltministerium und es wurden auch einige Umweltschutzgesetze erlassen, die die Situation der Umwelt verbessern sollen. Leider ist die Umsetzung der Gesetze noch nicht so wirksam, wie man es sich wünschen würde. Vor allem die wichtigen **Ölfirmen** genießen noch immer **Sonderrechte und Ausnahmeregelungen**. Einige Probleme entstehen auch dadurch, dass die Zusammenarbeit der Anrainerstaaten des kaspischen Meeres in Umweltangelegenheiten bisher mangelhaft ist.

Auch wenn sich die Lage in den vergangenen 20 Jahren schon verbessert hat, sind noch immer viele Menschen den Folgen der Umweltverschmutzung voll ausgesetzt. Die Allgemeinheit scheint aber bisher fast klaglos die Tatsache hinzunehmen, dass das Meer mit einem Ölfilm überzogen ist und dass es vielerorts nach Petroleum riecht. Grundwasser ist teils durch Öl verunreinigt, was zusätzlich gesundheitliche Schäden verursacht. Lungen-, Verdauungs- und Herz-Kreislaufbeschwerden sowie Krebs sind die Folgen.

Weitere Umweltprobleme sind die fortschreitende **Desertifizierung und Erosion** von Böden. Waldrodungen verschlimmern die Situation jährlich. Die Waldbestände gehen zurück worunter die Diversität von Fauna und Flora leidet.

Nationalparks

Es gibt insgesamt neun Nationalparks in Aserbaidschan, von denen der **erste in 2003** und der letzte in 2012 eingerichtet wurde. Dieses Konzept des Naturschutzes ist also noch eher jung in Aserbaidschan. Insgesamt sind 3.101 Quadratkilometer zu Nationalparks geworden. Es stehen aber noch weitere Gebiete in Form von Naturreservaten oder anderen Schutzgebieten unter Naturschutz.

Weite Gebiete sind in Aserbaidschan fast unberührt und naturbelassen, weil sie zu Zeiten der Sowjetunion Sperrgebiete waren und sich während dieser Zeit erholen konnten.

Nach und nach werden die Parks nun auch für Besucher geöffnet, zuletzt auch der **Göygöl Nationalpark** im Westen des Landes. Weil die touristische Nutzung der Nationalparks noch nicht lange besteht, sind die Infrastrukturen noch nicht sehr gut ausgebaut. Es gibt nur wenige Hinweisschilder und Informationen sowie wenig Personal.

Der **Altyaghash Nationalpark** oder Altiagaj Nationalpark liegt etwa 120 Kilometer nordwestlich von Baku in Richtung Guba und ist etwa 11.000 Hektar groß. Er befindet sich in einer Region, in der ein Halbwüstenklima herrscht am Fuße des Kaukasus und am Tikhli Fluss.

Der Parkeingang befindet sich hinter dem Dorf Khizi. Es gibt hier ein recht neues Informationszentrum und sanitäre Anlagen.

Besonders im Frühling ist die Landschaft schön, weil dann zahlreiche Wildblumen die Wiesen schmücken. Ab Mai kann man überall verschiedene Orchideenarten entdecken.

Der **Absheron Nationalpark** befindet sich auf der Absheron Halbinsel nordöstlich von Baku. Er ist 780 Hektar groß und besteht größtenteils aus Halbwüste und Grasland. 2005 wurde er von einem Naturschutzgebiet in einen Nationalpark umgewandelt. Der Eingang befindet sich etwa 70 Kilometer von Baku entfernt. Wegen der vielen Ölbohrpumpen sieht die Landschaft vielerorts nicht aus wie ein Naturschutzgebiet.
Im Frühling erblühen besonders viele Blumen. Im Mai und Juni fahren Boote von hier aus zur Tyulen Insel, wo man Robben sehen kann. Auf dem Festland leben wilde Kamele.

Der Ag Gel oder **Ag Göl Nationalpark** befindet sich im Süden von Aserbaidschan und ist 17.900 Hektar groß. Das Gebiet gehört zu den Ramsar Feuchtgebieten und ist die Heimat von mehr als **140 Vogelarten**. Es gibt außerdem mehrere Schlangenarten und Schildkröten.

Der **Göygöl Nationalpark** ist der jüngste Nationalpark in Aserbaidschan. Er liegt im Westen des Landes im Rayon Göygöl. Er ist 127 Quadratkilometer groß und umfasst weite Wälder an den Hängen der Berge des Kleinen Kaukasus. Es gibt hier mehr als 420 Pflanzenarten, **Geier, Eulen, Fasane**, Spechte und zahlreiche andere Vögel.

Einst lebte hier der kaspische Tiger, der mittlerweile ausgestorben ist. Es gibt aber noch **Braunbären, Wölfe, Luchse**, Schakale, Füchse, Dachse, Rotwild und Wildschweine. Gerüchteweise sollen sogar persische Leoparden im Göygöl Nationalpark leben.

Der **Hirkan Nationalpark** ist 297 Quadratkilometer groß und befindet sich an der äußersten Südspitze Aserbaidschans. Er besteht aus subtropischen und gemäßigten Wäldern, dem Lenkoran Tiefland und den **Talysh Bergen**. Neben Fasanen, Rotwild, Wölfen, Dachsen, Goldschakalen und Wildschweinen leben hier auch Flamingos. 2007 wurde ein persischer Leopard gesichtet, allerdings nur ein einziges Mal.

Zahlreiche Bemühungen sind im Gange, damit der Hirkan Nationalpark in die Liste des UNESCO Naturerbes aufgenommen werden kann.

Der **Samur Yalama Nationalpark** ist 11.700 Hektar groß und befindet sich an der Nordostspitze des Landes an der russischen Grenze. Langsam entwickelt sich eine Art von Ökotourismus im Samur Yalama Nationalpark.

Der größte Teil des Parks besteht aus Küstenlandschaften, die von Wald bedeckt sind. In dem Gebiet, das sich über vier Klimazonen erstreckt, leben zahlreiche **Meeresvögel** sowie endemische

Fischarten. Unter den Fischen ist auch der Stern-hausen **Stör**, dessen Eier zu **Kaviar** verarbeitet werden.

Der **Shahdag Nationalpark** befindet sich im Nordosten von Aserbaidschan in der Nähe der Stadt Guba bis hin zur russischen Grenze. Er ist 1.305 Quadratkilometer groß und geprägt von den Bergen des Großen Kaukasus. Im Shahdag Natio-nalpark liegen unter anderem der Tufan, der Baza-ryurt, der höchste Berg des Landes **Bazardüzü** und der **Shahdag** oder Shakhdag. Im Parkgebiet kommen Wölfe, Luchse, Braunbären, Wild-schweine, verschiedene Hirscharten, Füchse, Ot-ter, Dachse und Schakale vor.

Der **Shirwan Nationalpark** liegt im Südosten des Landes im Salyan Rayon. Er besteht seit 2003, war aber vorher schon seit 1969 ein Naturschutzgebiet. Insgesamt stehen fast 544 Quadratkilometer unter Schutz, wovon etwa 35 Quadratkilometer Wasser-flächen sind. Der Shirwan Nationalpark besteht hauptsächlich aus **Feuchtgebieten** und ist Brut-platz von zahlreichen **Wasservögeln**.

Der **Zangezur Nationalpark** liegt in der Autono-men Republik Nachitschewan. Er wurde 2003 als Ordubad Nationalpark gegründet und 2009 auf etwa 428 Quadratkilometer vergrößert sowie bei dieser Gelegenheit umbenannt. Auf dem Gebiet des Parks kommen zahlreiche Pflanzenarten vor, darunter auch 39, die auf der Roten Liste stehen. Es soll im Park noch Persische Leoparden geben. **Steinadler, Seeadler, Bezoarziegen, Wölfe**, Schakale, Dachse, Füchse und Mufflons werden häufig gesichtet. Es ist sehr schwierig, eine Genehmigung zu bekommen, um den Zangezur Nationalpark zu besuchen. Diese kann nur vom Ministerium für Ökologie und natürliche Ressourcen im Voraus erteilt werden und wird in vielen Fällen abgelehnt.

Sprache

Die offizielle Landessprache und die Hauptverkehrssprache im Land ist die aserbaidschanische Sprache. Sie wird auch als **Aserbaidschanisch** oder (seltener) als Aserbaidschani bezeichnet. Es handelt sich um eine Turksprache, die so eng mit dem Türkischen verwandt ist, dass sich die Sprecher gegenseitig weitestgehend verstehen können. Aserbaidschanisch wird auch in Teilen von Russland und im Norden des Iran gesprochen, wo etwa **16 Millionen Aserbaidschaner** leben.

Eine Erhebung 2009 hat ergeben, dass Aserbaidschanisch in Aserbaidschan von 92,5% der Bevölkerung gesprochen wird. In den Schulen werden hauptsächlich **Englisch und Russisch** als erste Fremdsprache gelehrt. Etwa die Hälfte der Bewohner Aserbaidschans spricht zusätzlich zur Muttersprache eine Fremdsprache.

Minderheiten in Aserbaidschan sprechen Georgisch, Lesgisch, Talisch, Awarisch, Buduchisch, Juhuri, Chinalugisch, Krysisch, Cek, Rutulisch, Tsachurisch, Tatisch und Udisch. Mehrere dieser **Sprachen der Minderheiten** gelten als vom Aussterben bedrohte Sprachen. Leider hat die Regierung von Aserbaidschan bisher nicht die Europäische Charta zum Schutz von Minderheitensprachen unterschrieben.

In der Autonomen Republik Bergkarabach, die nicht mehr unter der Kontrolle der aserbaidschanischen Regierung steht, wird fast ausschließlich armenisch gesprochen.

Religion und Tradition

Die vorherrschende Religion in Aserbaidschan ist seit dem 8. Jahrhundert der Islam und zwar in seiner **schiitischen Ausprägung**. Nur 15% der aserbaidschanischen Moslems sind Sunniten.

Während der Sowjetzeit haben massive Säkularisierungskampagnen dafür gesorgt, dass sich viele Menschen von ihrer Religion distanziert haben. Nach 1991 haben sich viele Menschen dem Islam wieder angenähert. Heute geben aber nur etwa 10% der Aserbaidschaner an, dass sie tatsächlich **praktizierende Muslime** sind. Die muslimischen Feiertage werden jedoch auch von den Menschen gefeiert, die im Alltag nicht religiös sind.

Bereits 1991 haben sich in Aserbaidschan mit der Islamischen Partei Aserbaidschans und der Aserbaidschanischen Partei für islamischen Fortschritt politische islamische Organisationen gegründet, die jedoch im Zuge der Trennung von Staat und Religion im Jahr 1995 verboten wurden.

In Aserbaidschan leben etwa **30.000 Juden**, die meisten von ihnen in Baku. Sie sind teils europäischer Herkunft, teils Taten, beziehungsweise Bergjuden im Norden von Aserbaidschan und teils Juden mit georgischen Wurzeln. In Baku stehen drei Synagogen und es gibt eine jüdische Schule mit 300 Schülern, an der auch hebräisch gelehrt wird. Aserbaidschan gilt weltweit als eines der sichersten Länder für Juden und es kommt so gut wie nie zu antisemitischen Übergriffen.

Schon im 7. Jahrhundert lebten Juden auf dem Gebiet des heutigen Aserbaidschans, was durch Ausgrabungen in den 90er Jahren im Nordosten des Landes in der Nähe der Stadt Sabran belegt werden konnte.

Es gibt knapp 4% **Christen** in Aserbaidschan. Die meisten von ihnen sind russisch-orthodox. Jeweils einige tausend Menschen gehören anderen christlichen Glaubensrichtungen an. Baku hat drei russisch-orthodoxe, eine lutherische und eine katholische Kirche. Christen der armenisch-apostolischen Ausrichtung leben nur noch in der unabhängigen Republik Bergkarabach (von den Armeniern

Arzach genannt). Die meisten armenisch-apostolischen Kirchen in Aserbaidschan wurden abgerissen.

Kulinarisches Aserbaidschan

Die aserbaidschanische Küche hat eine lange Geschichte. In früheren Zeiten wurde fast ausschließlich **Geschirr aus Kupfer zum Kochen** benutzt, was heute regional teils noch der Fall ist. Da Aserbaidschan ein mehrheitlich muslimisches Land ist, wird in der Regel kein Schweinefleisch zu finden sein. Hammel, Lamm, Rind und Geflügel sind beliebt. Unter den Gemüsen sind Auberginen, Tomaten, Paprika, Gurken, rote Beete, Spinat, Kohl, Zwiebeln, Sauerampfer und Radieschen häufig anzutreffen. Als Beilagen sind Reis und Mehlspeisen weit verbreitet.

Die aserbaidschanische Küche lebt von ihren **Kräutern**. Pfefferminz, Dill, Koriander, Petersilie, Basilikum, Thymian, Estragon, Majoran, Schnittlauch und Kresse werden großzügig verwendet, meist sogar frisch.

Zu den Nationalgerichten gehört Pilaf oder Plow. Dabei handelt es sich um ein Reisgericht, das beliebig variiert wird. Toyug Plow ist zum Beispiel Plow mit Hähnchenstückchen. Kourma Plow ist Plow mit Hammelfleisch. Shirin Plow ist ein Reisgericht mit Trockenfrüchten und Südlü Plow ist eine Art Milchreis. In Sheryanchi Plow werden

Eier und Zwiebeln mit dem Reis vermischt. Chilov Plow ist Plow mit Fisch und Bohnen. Es gibt insgesamt mehr als 40 verschiedene Varianten von Pilaf oder Plow.

Als **Dolma** werden mit Hackfleisch, Reis und verschiedenen frischen Gewürzen gefüllte Weinblätter bezeichnet.

Dovga ist eine Suppe mit Spinat, Joghurt und Reis, die entweder mit oder ohne Fleischklößchen serviert wird.

Ovduk ist eine kalte Suppe mit Joghurt, gekochtem Fleisch, hartgekochten Eiern und Salatgurkenstreifen. Sie wird je nach Rezept mit Dill, Minze, Estragon oder Koriander gewürzt und ist sehr erfrischend, weshalb sie vor allem im Sommer gegessen wird.

Als **Bolva** wird eine Suppe mit saurer Milch bezeichnet, die recht ungewöhnlich schmeckt.

Piti-Suppe ist ein deftiges Hauptgericht mit Hammelfleisch und Erbsen, wobei Kirschen oder Pflaumen und Safran für eine besondere Note sorgen.

Da Aserbaidschan am Kaspischen Meer liegt, gibt es natürlich auch eine Menge verschiedener Fischgerichte. Besonders beliebt sind **Stör und Kaviar**, der vom Stör stammt. Aserbaidschan ist bekannt für seinen schwarzen Kaviar.

Lavangi ist ein gefüllter Fisch, wobei meist Karpfen, Rutilus oder Stör verwendet wird, der mit Zwiebeln, Walnüssen, Pflaumen, Kirschen oder

Granatäpfeln gefüllt wird. Die Füllung hat eine säuerlich-süße Note.

Qutab ist ein dünner Teig, in den Gemüse eingerollt wird. Diese Teigtaschen werden in einer speziellen wokförmigen Pfanne gebacken, die als Saj bezeichnet wird.

Unter den Nachtischen sind verschiedene baklavaartige Süßigkeiten beliebt.

Shekernura ist eine bekannte Backware, die mit Mandeln, Haselnüssen oder Walnüssen gefüllt wird. Shekernura haben sehr verschiedene Formen und es werden mit kleinen Pinzetten Muster in den Teig eingekerbt.

Diese Art von Baklava wird in Aserbaidschan auch Halva hergestellt. Beliebt ist **Samani Halva**, das aus Malz und Weizen gemacht wird. Die Masse ist etwas zäh und klebrig aber sehr süß und würzig.

Firni ist ein Dessert, das es ähnlich auch in Indien gibt. Es wird aus Reismehl hergestellt und könnte als eine Art süßer Reispudding beschrieben werden.

Brot ist neben Reis die häufigste Sättigungsbeilage in Aserbaidschan. Es gibt **Tandoori**-Brot, das im Tonofen gebacken wird, **Lavash**, wie man es aus Zentralasien kennt, verschiedene Crepe-artige Sorten und einfaches Fladenbrot.

An Getränken gibt es vor allem **schwarzen Tee**, der in winzigen Gläsern serviert wird und frischen

Ayran, ein säuerliches gesalzenes Joghurtgetränk. Der Tee wird traditionell in Samowaren zubereitet. **Sherbet** ist ein kaltes süßes Getränk aus Fruchtsäften, Zucker und oft auch Rosenwasser. Dieses Getränk stammt ursprünglich aus dem Iran. Die aserbaidschanischen Sherbets sind leicht und weniger dickflüssig als in anderen Ländern. Es gibt sie in den Geschmacksrichtungen Kirsche, Aprikose, Zitrone, Minze, Granatapfel oder Erdbeere.

Süßigkeiten in Sheki

Kunst und Architektur

Das Kunsthandwerk in Aserbaidschan hat eine lange Tradition, die eigentlich überall sichtbar ist.

In den Läden in Baku und in anderen Städten findet man Seidengewebe, Stickarbeiten, Kupfer- und Holzwaren sowie natürlich die handgeknüpften Teppiche, für die das Land so berühmt ist.

Teppiche

Die aserbaidschanische **Teppichknüpferkunst** war bereits im 3. Jahrhundert weltbekannt. Heute ist sie von der **UNESCO** als erhaltenswertes Kulturgut in die Liste des Welterbes aufgenommen und allein schon dadurch eine Besonderheit. An der staatlichen Akademie oder der Kunsthochschule können junge Menschen heute die alte Tradition des Teppichknüpfens mit verschiedenen Materialien erlernen, wobei ihnen gleichzeitig moderne Techniken beigebracht werden. Neben den **traditionsreichen Mustern** sind heute auch moderne Muster beliebt.

Die Preise eines Teppichs werden einerseits vom Material (Wolle in verschiedenen Qualitäten oder Seide) und andererseits von Flor und Dichte bestimmt. Flor bedeutet dabei die Länge der einzelnen Fäden und die Dichte wird in Knoten pro Quadratzentimeter gemessen. Je mehr Knoten ein Teppich hat, desto länger dauert seine Herstellung und desto schwerer, robuster aber auch teurer ist er. **Knotendichte und Material** sind auf der Rückseite eines Teppichs vermerkt. Vor dem Kauf von Teppichen sollte man sich ein wenig über die üblichen Preise informieren. Teppiche, die älter als 30 Jahre sind, dürfen nicht ausgeführt werden, da sie unter das Antiquitätengesetz fallen. Für den Kauf jedes einzelnen Teppichs wird vom Verkäufer ein Zertifikat ausgestellt.

Die Kunst der Herstellung sogenannter **Shebeke** oder Shabaka Fenster ist eine typisch aserbaidschanische Handwerkskunst. Fenster, die mit dieser Technik hergestellt werden, bestehen aus kleinen bunten Glasstückchen, die in dünne Holzrahmenteile mit Fugen gesteckt werden. Bei der Herstellung dieser Fenster wird passgenau gearbeitet, so dass auf Klebstoffe oder Nägel vollständig verzichtet werden kann. Shebeke Fenster haben eine lange Tradition. Sie sind in **Kirchen und Moscheen** sowie alten **Palästen** im ganzen Land zu finden, aber auch über die Grenzen Aserbaidschans hinaus.

Shebeke Fenster in Baku

Besonders kunstvolle Shebeke Fenster findet man zum Beispiel im **Khanspalast in Sheki** oder in der **Moschee in Ganja**. Die Fenster tauchen den jeweiligen Raum in buntes Licht, sobald draußen die

Sonne scheint. In Sheki gibt es noch kleine Werkstätten, in denen einige erfahrene Handwerker diese Fenster nach altem Beispiel herstellen. Meist wird Walnussholz verwendet.

Kunst bedeutet aber nicht nur Handwerk und Teppichknüpferkunst. Auch die Malerei und die bildende Kunst haben in Aserbaidschan Tradition. Zu den bekanntesten **Malern** Aserbaidschans gehört Sattar Bahluzadeh, dessen expressionistische Landschaften aus der Mitte des vergangenen Jahrhunderts stammen.

Insgesamt gibt es allein in den verschiedenen staatlichen **Museen und Galerien** mehr als 12.000 Exponate von aserbaidschanischen Künstlern. Die umfangreichste Sammlung hat das Rustam Mustafayev Staatsmuseum für Kunst, welches seit 1936 in Baku seine Türen für Kunstfreunde geöffnet hat. Hier sind etwa 3000 Bilder und Skulpturen aus verschiedenen Epochen ausgestellt. Diese stammen aber nicht nur von einheimischen, sondern auch von russischen, türkischen, chinesischen, persischen und europäischen Künstlern. Das Museum für **moderne Kunst in Baku** hat etwa 800 Werke aus der zweiten Hälfte des 20. Jahrhunderts und zusätzlich eine moderne Sammlung mit Bildern von Chagall, Dalí, Picasso und Kandinsky.

Die **Architektur Aserbaidschans** hat eine lange Geschichte, die von den verschiedenen Eroberern geprägt und beeinflusst wurde. Die einzelnen Völker haben ihre Bauten und Baustile hinterlassen.

Zunächst entstanden im 6. und 7. Jahrhundert **kaukasisch albanische Kirchen**, von denen einige heute noch vorhanden sind. Dann kam im 7. Jahrhundert der Islam nach Aserbaidschan und es entstanden Moscheen, Koranschulen, Bäder und Mausoleen. Es wurde in den einzelnen kleineren Reichen viel experimentiert. So sind zum Beispiel die Gebäude in Nachitschewan reich mit Keramik verziert, während in Shirwan kontrastreiche Steinwände entstanden.

Im 19. Jahrhundert begann der Ölboom, wodurch die Rolle Bakus im russischen Reich immer wichtiger wurde. Baku wuchs dank des wirtschaftlichen Erfolgs rasch an und es entstanden zahlreiche Herrenhäuser für die neureichen Industriebarone dieser Zeit. Unter deren Einfluss wurden aber auch öffentliche Bauten wie Schulen, Krankenhäuser, Theater, Museen und die Oper erbaut.

In den 1920er und 1930er Jahren war der **Konstruktivismus** in Baku stark vertreten. Es entstanden viele Bauten mit Fassaden in klaren Linien, die allerdings 1934 von der kommunistischen Partei stark kritisiert wurde. Ein Dekret forderte die Rückkehr zu den Wurzeln und Traditionen und verbot moderne Gebäude. Zu den typisch sowjetischen Bauten in Baku zählt zum Beispiel der Bahnhof.

Im 21. Jahrhundert hat sich der Baustil Bakus wieder stark verändert. Dank des noch immer anhaltenden Ölbooms war genug Geld vorhanden, um **moderne Hochhäuser** zu errichten und alte Baudenkmäler wie zum Beispiel den Komplex des Shirwanshahpalastes zu erhalten. Heute wird die Stadtplanung von einem staatlichen Komitee überwacht, das jedes neue Bauprojekt prüft.

Flame Towers in Baku

Es sind zahlreiche moderne Bauten entstanden, die Baku einen ganz besonderen Charme und außerdem die Aufmerksamkeit internationaler Architekturfans eingebracht haben. Zu den bekanntesten Gebäuden gehören die **Flame Towers** vom Architekturbüro HOK, die Port Baku Towers von Chapman Taylor und die Baku White City von Atkins und Forster und Partners. Besonders kreativ ist das Gebäudes, welches das Teppichmuseum beherbergt und die Form eines zusammengerollten Teppichs hat. Prachtvoll sind auch das **Heyder Aliyev Merkezi** von der britisch-iranischen Stararchitektin **Zaha Hadid** und das Nationalstadion von Heerim Architects and Planners, dessen Außenfassade vollständig aus Bildschirmen besteht.

Literatur

Literatur ist in Aserbaidschan seit jeher von großer kultureller Bedeutung, was sich in einer reichen Literaturgeschichte und einer aktiven modernen Literatur zeigt. Beliebte Schriftsteller werden in der Gesellschaft hoch geachtet. In fast jeder Stadt finden sich Denkmäler für bekannte Autoren, allen voran Nizami Ganjavi, der eine Art Nationalheld ist. Er stammte aus Ganja und verfasste im 12. Jahrhundert einige sehr bekannte Geschichten und Gedichte. Zu seinen bekanntesten Werken gehört „Lejli und Medschnun", was oft als Vorbild für Shakespeares Romeo und Julia betrachtet wird. Nizami Ganjavi schrieb in persischer Sprache.
Im 16. Jahrhundert wurde Mohammed Fuzüli bekannt. Er schrieb stark philosophisch angehauchte Gedichte in aserbaidschanischer, persischer und arabischer Sprache. Er entwickelte das Thema von Lejli und Medschnun weiter und machte die Geschichte noch bekannter.

Neuere Entwicklungen in der aserbaidschanischen Literatur beschäftigen sich mit Gesellschaft und Politik. Zwischen 1970 und 1990 war vor allem die Befreiung von der Sowjetherrschaft ein wichtiges Thema. Heute wird das aktuelle Aserbaidschan thematisiert.

Nur wenige aserbaidschanische Bücher wurden ins Deutsche übersetzt. Darunter sind zum Beispiel „Ali und Nino", „Öl und Blut" und „Flüssiges Gold" von Essad Bey. Von Anar Rzayev wurden „Der Lift fährt vorbei", „Georgischer Name" und „Ich, du, er und das Telefon" in Deutschland veröffentlicht.

Feste / Festivals

Islamisches Opferfest

In Aserbaidschan ist das muslimische Opferfest unter dem Namen Gurban Bayram oder Kurban Bayrami bekannt. Es verschiebt sich jedes Jahr mit dem Mondkalender. In 2018 fiel es in die Zeit vom 21.-25. August. (Weitere Daten: 11.-15. August 2019, 30. Juli - 3. August 2020, 19.-23. Juli 2021 und 9.-13. Juli 2022)

Gefeiert wird das Ende der jährlichen islamischen Pilgerfahrt und die Bereitschaft Abrahams, seinen Sohn für Gott zu opfern. In Aserbaidschan wird traditionell ein Kamel oder eine Ziege geschlachtet. Es gibt also ein großes Festessen und alle Familienmitglieder verbringen mehrere Tage miteinander.

Ramadan

Da die meisten Menschen in Aserbaidschan Muslime sind, wird der Ramadan von vielen eingehalten. Am Ende des Ramadans wird das Eid Al Fitr oder wie es in Aserbaidschan heißt **Ramazan Bayram** gefeiert. Dieses Fest des Fastenbrechens ist eine große Familienfeier, bei der es ein opulentes Festessen gibt. Es werden Geschenke ausgetauscht und Spenden für wohltätige Zwecke gemacht. Natürlich finden auch besondere Gebetsveranstaltungen in den Moscheen statt.

Der Ramadan verschiebt sich mit dem Mondkalender und findet in den kommenden Jahren wie folgt statt: 6. Mai – 4. Juni 2019, 24. April – 23. Mai 2020, 12. April – 11. Mai 2021 und 2. April – 1. Mai 2022.

20./21. März: Novruz Bayram

Novruz Bayram ist das Neujahrsfest der zoroastrischen Religion, welches in Aserbaidschan ein staatlicher Feiertag ist. Die zoroastrischen Familien schmücken ihre Tische mit Süßigkeiten, Trockenfrüchten, bunten Eiern und Kerzen, während in der Mitte der Tafel ein Glas mit einem Goldfisch steht. Ein Aberglaube besagt, dass der Goldfisch sich um Punkt Mitternacht zu Neujahr in Richtung Norden wenden wird. Regional gibt es auch die

Tradition, an diesem Fest nur Lebensmittel zu servieren, die mit dem Buchstaben S beginnen, natürlich in der aserbaidschanischen Sprache.

Juni:

Ende Juni findet in **Goranboy das Aprikosenfestival** statt. In dieser Region werden verschiedene Arten von Aprikosen gezüchtet und angebaut, welche an diesem Tag gepriesen und in sehr unterschiedlichen Varianten von Kuchen über Marmelade bis hin zu Likör und Schnaps verzehrt werden. In **Sheki** findet schon seit dem Jahr 2010 jährlich im Juni oder Juli das **Seidenstraßen Musikfestival** (Silk Road Music Festival) statt. Bei dieser musikalischen Veranstaltung dreht sich alles um Musik, jedoch nicht um eine bestimmte Musikrichtung. Die Stadt, die Landesregierung und die Vereinigung der aserbaidschanischen Komponisten sind Veranstalter des Festivals, bei dem auch Musiker aus anderen Ländern in Sheki auftreten.

Juli:

Im Juli findet in **Sabirabad das Wassermelonenfest** statt. Verschiedene Arten von Wassermelonen werden um diese Zeit geerntet.

Ebenfalls im Juli findet am rosa Salzsee bei **Masazir** in Absheron ein **Salzfestival** statt.

September:
Anfang September findet in der Hauptstadt Baku das **Pilaf Festival** statt. Pilaf ist eines der Nationalgerichte in Aserbaidschan und auch in anderen Ländern vor allem in Zentralasien.
Das Pilaf Festival steht ganz im Zeichen dieses Reisgerichtes, das es in unzähligen Variationen mit verschiedenen Gemüsen oder Fleischsorten gibt.

Oktober:
Im Oktober findet in Guba seit 2017 jährlich das Teppichfestival statt. Es wurde ins Leben gerufen, um die **aserbaidschanische Teppichknüpferkunst** zu pflegen und zu zelebrieren, die seit 2010 auf der UNESCO Liste des immateriellen Weltkulturerbes steht. Aserbaidschanische Teppiche sind besonders farbenfroh und weltweit bekannt.
Wer das Festival besucht, hat die Möglichkeit, die Geschichte der Teppichknüpferkunst kennen zu lernen und die verschiedenen Arbeitsschritte zu beobachten. Selbstverständlich werden auch Teppiche in allen erdenklichen Farben und Größen verkauft.
Ebenfalls in **Guba** findet im Oktober das **Apfelfest** statt, welches mit der Apfelernte einhergeht. Der Apfel ist eine Art Wahrzeichen der Stadt Guba im Norden von Aserbaidschan und ihm ist in den Tagen rund um das Apfelfest alles gewidmet. Über 40 Apfelsorten sollen in der Region heimisch sein.

Dutzende von Bauern aus der Umgebung präsentieren ihre besten Äpfel in Form von Marmelade, Wein oder Kuchen. Es gibt außerdem einen Wettbewerb bei dem der größte Apfel der aktuellen Erntesaison gekürt wird.

In **Goychay** findet ebenfalls im Oktober das **Granatapfelfestival** statt. Es werden Gerichte zubereitet bei denen nicht nur der Granatapfel, sondern auch andere Früchte verarbeitet werden. Bei diesem Fest wird eine große Parade im Zentrum von Goychay veranstaltet, bei der Menschen in traditionellen Kostümen zu volkstümlicher Musik tanzen. Zudem finden verschiedene Wettbewerbe statt, bei denen zum Beispiel der größte Granatapfel gekürt wird. Auch ein Granatapfelwettessen ist Teil des Spaßes.

November:

In **Lenkoran** findet Anfang November das **Festival des Tees, des braunen Reis und der Zitrusfrüchte** statt. Diese bunte Mischung ist typisch für die Region, in der diese drei Lebensmittel angebaut werden. Die Gäste können die verschiedenen Teesorten ausprobieren, die hier wachsen. Es werden Reisgerichte und verschiedene Speisen aus Zitrusfrüchten zubereitet.

Ebenfalls in den November fällt die Kaki-Ernte in der Gegend von **Balakan**. Dort findet Anfang November das **Kaki-Festival** statt, bei dem es die unterschiedlichsten Produkte auf Basis der Kakifrucht gibt. Aserbaidschan und im besonderen diese Region ist eines der weltweit führenden Ka-kianbaugebiete und auch einer der größten Export-eure.

Auch im November wird das **Haselnussfest** in **Zagatala** im Nordwesten von Aserbaidschan abgehalten. Hier befinden sich die größten Haselnussanbaugebiete des Landes. Einheimische und Touristen haben im Rahmen des Haselnussfests die Möglichkeit, verschiedene Arten von Haselnüssen zu kosten, die nicht nur pur, sondern in sehr unterschiedlichen Speisen verarbeitet werden. Besonders beliebt sind die verschiedenen Süßspeisen, Kuchen und Desserts, die Haselnüsse enthalten. Es gibt aber auch deftige Gerichte und Haselnussmarmelade. Die Schalen der Haselnüsse werden teils noch heute genutzt, um im Winter die Öfen anzufeuern.

Musik

Die **aserbaidschanische Musik** ist stark von Gesang geprägt und wird klassisch in städtische und ländliche Musik unterteilt. Seit Ende des 19. Jahrhunderts haben sich Elemente der westlichen Klassik in die aserbaidschanische Musikszene gemischt. Seit etwa 70 Jahren hat auch Jazz in verschiedenen Formen Einzug in die aserbaidschanische Musiklandschaft gehalten.

Traditionelle Volksmusik wird als **Ashik** bezeichnet. Diese Musik ist eine Art des

Geschichtenerzählens. Sie war schon vor dem Islam im Kaukasus präsent und ist heute in der Türkei ebenso wie in Aserbaidschan verbreitet. Normalerweise wird eine Laute benutzt, manchmal zusätzlich ein Blasinstrument und auch ein Schlaginstrument. Das wichtigste Element der **Ashik-Musik** ist der Gesang beziehungsweise die Geschichte oder das Gedicht, welche in dem jeweiligen Lied wiedergegeben werden. Typisch sind Vierzeiler mit je elf Silben. Es gibt beim Ashik etwa 100 Melodietypen, die verschiedene Namen haben.

Die **Mugam Musik** besteht aus einem komplexen modalen System, wobei es sieben Hauptmodi und fünf Nebenmodi gibt. In der Regel werden Laute, Fidel und Trommel mit Gesang kombiniert. Die Texte sind oft sehr poetisch und bestehen zum Beispiel aus bekannten Gedichten. Die Mugam Musik ist im Gegensatz zur Ashik Musik, die mehr im ländlichen Raum und im Süden des Landes vorkommt, in Städten und im Norden Aserbaidschans stärker vertreten.

Seit Ende des 19. Jahrhunderts hatte die russische Musik Einfluss auf Aserbaidschan. So kam die symphonische Musik ins Land. In den 1960er Jahren wurde **Jazzmusik** in Aserbaidschan beliebt. Seit Ende des 20. Jahrhunderts erfreut sich nun auch Popmusik großer Beliebtheit vor allem unter der jungen Generation. Internationale Künstler treten auf ihren Europatourneen vermehrt auch in Baku auf.

Sport

Sport ist in den vergangenen Jahren immer bedeutender geworden. Es gab zahlreiche Bemühungen der Regierung, **internationale Sportereignisse** nach Aserbaidschan zu bringen und das Land auf diesem Wege bekannter zu machen. So fanden zum Beispiel 2015 die ersten Europaspiele in Baku statt. 6000 Athleten aus 52 Staaten traten in einem eigens für dieses Event gebauten Stadion gegeneinander an. Aserbaidschan konnte dabei im Medaillenspiegel hinter Russland den zweiten Platz belegen.

Athleten aus Aserbaidschan sind schon lange bei den **Olympischen Sommerspielen** vertreten. 2016 waren sie mit insgesamt 18 Medaillen besonders erfolgreich. So war Aserbaidschan zum Beispiel das Land mit dem besten Verhältnis von Medaillen zu Teilnehmern.

Fußball wird immer beliebter. Schon 2012 war Neftci Baku in der **Europa League** und 2014 der FK Garabag Agdam. 2015 waren zum ersten Mal mit dem FK Gabala und dem FK Garabag Agdam zwei aserbaidschanische Fußballmannschaften in der Europa League vertreten. Auch 2016 konnten sich die beiden wieder qualifizieren.

Seit dem Jahr 2016 findet in Baku ein Rennen der **Formel 1** statt, welches auf einem Parcours in der Innenstadt auf etwa sechs Kilometern ausgetragen wird.

Wenn auch nicht gerade ein Sport im eigentlichen Sinne, so ist doch **Schach** noch immer eine Art Nationalsport der Aserbaidschaner. Nachdem die Legende **Garri Kasparow** vor einigen Jahren seine Karriere beendet hat, gibt es noch immer eine große Anzahl an aktiven Großmeistern in Aserbaidschan, die von der Regierung stark gefördert werden. Bei den **Europameisterschaften im Schach** konnte Aserbaidschan 2009, 2013 und 2017 als Gewinner hervorgehen.

Übersichtskarte Aserbaidschan

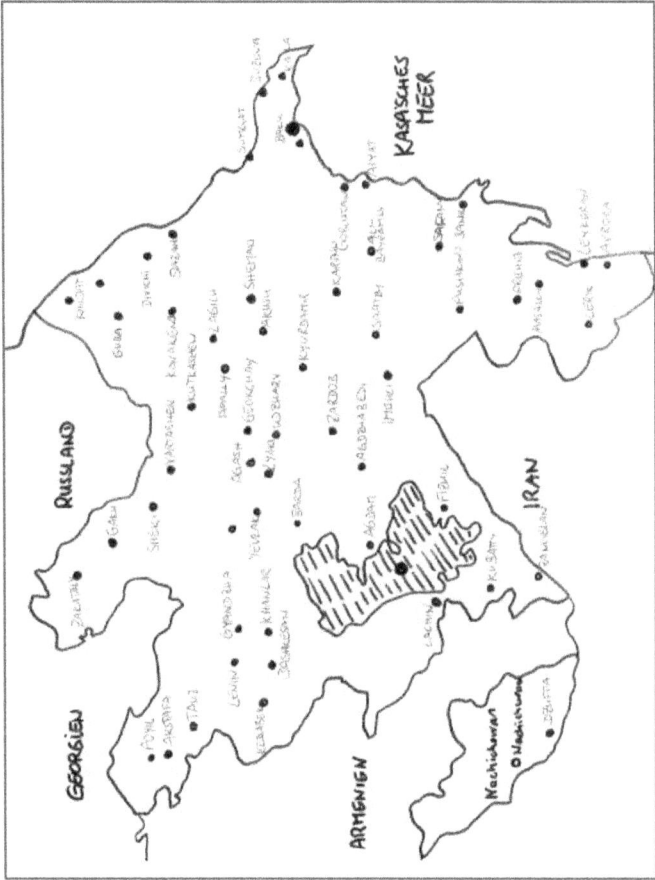

Sehenswürdigkeiten im OSTEN

Der Osten von Aserbaidschan ist geprägt von der lebendigen und **modernen Hauptstadt Baku**, welche politisch, wirtschaftlich und kulturell die wichtigste Stadt des Landes ist. Sie liegt am Kaspischen Meer und hat den größten Flughafen des Landes.

Neben Baku bietet der Osten aber auch die Sehenswürdigkeiten der **Halbinsel Absheron** mit dem zoroastrischen Feuertempel und einigen alten Festungsanlagen. Ebenfalls zum Osten zählt eine weitere Hauptattraktion des Landes: **Gobustan** mit seinen Jahrtausende alten Petroglyphen. Diese Region Aserbaidschans ist die am meisten touristische und gleichzeitig modernste Gegend des Landes.

Baku

Baku wirkt wie eine Mischung aus einer europäischen und einer orientalischen Stadt, gespickt mit einem Hauch sowjetischen Charmes. Kaum eine Stadt dieser Welt hat sich in den vergangenen zwei Jahrzehnten so stark verändert wie Baku. Es ist eine Stadt der Gegensätze mit einer UNESCO geschützten **historischen Altstadt** auf der einen und hochmodernen Gebäuden auf der anderen Seite. Europa und Asien haben hier zu einer attraktiven und einzigartigen Mischung gefunden.

Im 12. Jahrhundert erlebte Baku eine **Blütezeit**, wurde danach von den Mongolen zerstört und von den Timuriden erobert. Unter Shirwanshah Khalilulla blüte Baku dann Mitte des 15. Jahrhunderts wieder auf. Unter Shah Ismail I, der von 1501 an regierte, wechselte die Bevölkerung vom sunnitischen zum schiitischen Islam. 1723 eroberte Zar Peter der Große die Stadt, die damals nur 10.000 Einwohner hatte. In der folgenden Zeit regierten mal die Russen und mal die Perser über Baku, bis schließlich Russland die Oberhand gewann.

Schon im 10. Jahrhundert fand man Öl in der Umgebung Bakus. Die kommerzielle Ausbeutung des Öls begann Ende des 19. Jahrhunderts. Unternehmer und Arbeiter aus ganz Russland kamen nach Baku und ließen die Stadt um das zehnfache wachsen. Anfang des 20. Jahrhunderts kamen etwa 50% des auf der gesamten Welt verbrauchten Öls aus Aserbaidschan, was die **Ölbarone** in der Stadt reich machte. 1920 wurde Baku die Hauptstadt des unabhängigen Aserbaidschan. 1935 wurde dann im kaspischen Meer nach weiteren Ölreserven gesucht, die schließlich auch gefunden wurden. Bis heute ist die Wirtschaft Bakus stark vom Öl abhängig und sie boomt nach wie vor.

Sich in der Stadt zu bewegen ist dank des gut ausgebauten Metrosystems mit 24 Stationen recht einfach. Zwischen Altstadt und Zentrum lässt es sich auch prima zu Fuß laufen, denn die Entfernungen betragen meist nur wenige hundert Meter. Vom **Shirwanshah Palast** zum Jungfrauenturm sind es nur wenige Minuten. Taxis stehen zudem an den Hauptstraßen bereit und fahren für ein paar Manat überall in der Stadt umher. Es gibt einen roten **Hop-On-Hop-Off-Bus**, der wie in vielen anderen Städten auf der Welt auch durch Baku fährt und die wichtigsten Sehenswürdigkeiten miteinander verbindet.

Die Altstadt von Baku heißt Isheri Sheher. Der gesamte Stadtteil ist von der UNESCO auf die Liste des **Weltkulturerbes** gesetzt worden. Sie ist noch fast vollständig von der historischen Stadtmauer umgeben, die fachgerecht restauriert wurde. Neben den historischen Hauptsehenswürdigkeiten sind auch die kleinen Nebenstraßen mit malerischen Hinterhöfen und die alten Herrenhäuser aus der Zeit des **Ölbooms** interessant. Mehrere alte Karawansereien wurden zu Restaurants umgebaut und die vielen Teppichläden sowie einige Souvenir- und Teeläden geben bunte Fotomotive ab.

Eine der Hauptattraktionen in Bakus Altstadt ist der **Jungfrauenturm**. Dieser 29 Meter hohe Steinturm ist von April bis Oktober von 10 bis 17 Uhr und von November bis März von 10 bis 16 Uhr geöffnet. Der Eintritt kostet knapp einen Euro. Von oben hat man einen tollen Blick über die Altstadt Bakus, der jedoch durch eine zwei Meter hohe Glasswand etwas eingeschränkt ist. Der Turm ist wahrscheinlich schon etwa tausend Jahre alt, obwohl die heute sichtbare Struktur zum Großteil aus dem **12. Jahrhundert** stammt. Der aserbaidschanische Name des Turms ist Qiz Qalazi und er galt zu seiner Zeit als uneinnehmbares Bollwerk. Seine bis zu **fünf Meter dicken Mauern** sind noch heute eindrucksvoll. Im Innern kann man die Stufen der acht Stockwerke hinauf gehen und auf jeder Etage auf interaktiven Bildschirmen und modernen Monitoren etwas über die Geschichte der Stadt und des Turms erfahren.

Ebenfalls in der Altstadt befindet sich der Vahid Garten. Durch ein Tor in der **alten Stadtmauer** gelangt man auf diesen kleinen recht grünen Platz, auf dem ein Denkmal für den Dichter Nizavi Ganjavi in Form eines großen Kopfes steht. Hier befindet sich ein kleines **Miniaturbüchermuseum**, zu dem der Eintritt frei ist und dessen Exponate im Guiness Buch der Rekorde stehen. Es gibt außerdem ein Münzmuseum, das in einer alten Moschee untergebracht ist und etwa 50 Cent Eintritt verlangt sowie eine kleine Kunstgalerie.

Der mittelalterliche Markt befindet sich neben dem Jungfrauenturm. Es handelt sich um einen Platz, auf dem man archäologische Ausgrabungen sehen kann. Manche glauben, dass hier Jesus' Jünger Bartholomäus den Märtyrertod starb. Im Hintergrund sieht man mehrere alte Karawansereien, in denen sich heute Restaurants befinden.

Der **Palast des Shirwanshah** war im Mittelalter der Sitz der herrschenden Shahs. Das heutige Gebäude besteht aus Sandstein und stammt größtenteils aus dem 15. Jahrhundert. Eine Rotunde im Innenhof stammt noch aus dem 13. Jahrhundert. Eine Renovierung im Jahr 2003 lässt das Bauwerk fast neu aussehen. Im Innern des Palastes kann man sich eine Sammlung von Gegenständen aus der Zeit der Shahs ansehen und einiges über das Leben im Palast sowie über die Geschichte der Shirwanshahs lernen. Auch der Zutritt der **Moschee** und zu den Gräbern einer der Shah-Familien ist vom Palastgelände möglich.

Im **Archäologischen Museum** sind zahlreiche Artefakte auf der prähistorischen und mittelalterlichen Zeit zu finden. Der Eintritt ist frei und das Museum ist täglich von 11 bis 21 Uhr geöffnet.

Schließlich gibt es in der Altstadt auch zwei sehr schöne alte Moscheen. Die **Cuma Moschee** stammt aus dem Jahr 1899 und ist innen besonders reich verziert. Sie wird auch als die Freitagsmoschee bezeichnet. Die Siniq Qala Moschee ist meistens geschlossen. Sie wird auch kleine Mohammed Moschee genannt und stammt aus dem frühen 11. Jahrhundert. Den Namen **Siqid Qala**, der zerbrochener Turm bedeutet, erhielt sie 1723 als die russische Marine die Stadt bombardierte und das Minarett beschädigte.

Das Zentrum der Innenstadt bildet der Brunnenplatz, der so heißt, weil hier mehrere Springbrunnen stehen. Das **Nizami Literaturmuseum** ist eines der schönsten Gebäude in der Neustadt. Vor seiner schönen Fassade, in die mehrere Statuen eingelassen sind, stehen ein großes McDonalds Zeichen und eine moderne Skulptur, die eine Dame mit Schirm und Handy zeigt.

Das einstige Lenin Museum mit seiner neoklassischen Säulenfassade enthält heute das Zentralmuseum mit einer Ausstellung zur Unabhängigkeit Aserbaidschans sowie einer Sammlung zum Thema Theater.

Das **historische Museum** ist in einem Gebäude aus dem ausgehenden 19. Jahrhundert untergebracht. Es war einst ein prachtvolles Wohnhaus eines bekannten Ölbarons und enthält heute eine recht gute Sammlung zur Geschichte Aserbaidschans. Es ist täglich außer sonntags von 10 bis 18 Uhr geöffnet und kostet etwa 2,50 Euro Eintritt.

Das **Tazebey Hamami** ist das alte Badehaus, das 1886 erbaut wurde und das immer noch nur für Männer zugänglich ist. Es ist von 10 Uhr bis Mitternacht geöffnet und dient vielen weniger als

Sauna sondern mehr als Treffpunkt bei einem Bier. Der Eintritt kostet um die 19 Euro und beinhaltet eine Einweg-Badehose und einen Bademantel.

Der **Bulvar** ist die Uferpromenade von Baku. Sie ist gestaltet wie ein großer Park mit Spielplätzen, Spazierwegen, Bäumen, einem Riesenrad und jeder Menge Cafés. Im Westen, ist die neuere **Yeni Promenade** etwas offener gestaltet, so dass dieser Teil bei Radfahrern und Rollschuhläufern beliebt ist. Es gibt einen kleinen Touristenzug, der für einen Euro die Promenade entlangfährt. Das Riesenrad bietet einen schönen Blick über die Stadt und die Promenade. Unweit des Riesenrades befindet sich das **Teppichmuseum**, das aussieht wie ein riesiger zusammengerollter Teppich. Daneben wird am Wasser ein großes Kongresszentrum gebaut, das einmal die Form einer Blüte haben wird. Östlich des Teppichmuseums befindet sich eine kleine Anlage, die als **Klein-Venedig** bezeichnet wird. Hier hat ein Ölmillionär, der Venedig besucht hatte, einige Kanäle, Brücken und ein paar Cafés bauen lassen, die an die Wasserstraßen von Venedig erinnern sollen. An der Uferpromenade befindet sich auch ein eindrucksvolles Gebäude aus der Sowjetzeit, das von der Regierung verwendet wird und vor allem am Abend schön angestrahlt wird. Das **Yarat Museum** für zeitgenössische Kunst liegt am Europa Park und ist dienstags bis freitags von 11 bis 20 Uhr sowie samstags und sonntags von 11 bis 23 Uhr geöffnet. Der Eintritt ist frei.

An der Südspitze der Promenade befindet sich das **Flaggenmuseum**, auf dem sich der einst höchste Flaggenmast der Welt erhebt. Er war 2010 für ganze acht Monate der höchste, bis in Dushanbe ein höherer Mast entstand.

Zu den berühmtesten Gebäuden des modernen Baku gehören die **Flame Towers** oder **Flammentürme**, die im Westteil der Stadt auf einer Anhöhe die Stadt überragen. Die drei Türme haben die Form von Flammen und sind vor allem nach Einbruch der Dunkelheit eine Attraktion, denn ihre Fassade besteht aus Bildschirmen, die verschiedene farbliche Muster wie zum Beispiel die aserbaidschanische Flagge oder Flammen imitierende Lichter zeigen. Die drei Türme sind ein Hotel, ein Bürogebäude und ein Wohnhaus von 28 bis 33 Etagen. Sie wurden 2012 eröffnet.

Neben den Flammentürmen liegt ein modern gestalteter Park mit einem **Denkmal für die Soldaten**, die im Zweiten Weltkrieg und im Bergkarabachkrieg gefallen sind. Eine lange Allee mit Grabplatten und in Stein gebrannten Bildern zeigt die Menschen, die 1990 bei den friedlichen Protesten gegen die Sowjetunion von russischen Soldaten erschossen wurden. Am Ende dieser Allee steht eine Plattform, von der aus man einen guten Blick auf die Uferpromenade und auf das Stadtzentrum in der Ferne hat. Von hier aus fährt eine moderne Seilbahn bis hinunter zur Uferpromenade.

Neben dem Eingang zur **Seilbahn** steht eine hübsche Moschee.

Im modernen Teil der Stadt im Osten Bakus gibt es eine große Vielfalt an sehr modernen Gebäuden und viele Geschäfte. An der Straße vom Heyder Aliyev Flughafen in Richtung Stadt stehen das **Olympiastadion** und das neue Sportstadion, in dem unter anderem auch Fußball gespielt wird. Letzteres erinnert ein wenig an die Allianzarena in München, vor allem bei Nacht, wenn es in den schillerndsten Farben erstrahlt.

Etwas weiter erhebt sich eines der eindrucksvollsten und kunstvollsten Bauwerke des modernen Bakus. Das **Heyder Aliyev Center** wurde von der Stararchitektin **Zaha Hadid** entworfen. Es weist kreative Rundungen auf und erstrahlt in einem hellen, fast weißen Farbton. Darin finden Konzerte und Kulturveranstaltungen statt. Der gesamte Platz vor dem Gebäude besteht aus einer großen grünen Fläche mit vielen Skulpturen, Wasserbecken, Treppen und Rolltreppen. Bei gutem Wetter sind hier immer junge Menschen anzutreffen, die vor den bunten Kunstwerken Selfies machen. An den Wochenenden trifft man vor der schönen Kulisse auch regelmäßig Hochzeitspaare an, die Bilder machen.

Das **Museum für moderne Kunst** (MIM) ist täglich von 11 bis 21 Uhr geöffnet und beherbergt eine schöne Sammlung von Kunst mit einem Schwerpunkt auf Werken von 1980 bis heute. Es gibt aber auch einige Gemälde aus dem frühen 20. Jahrhundert, darunter unter anderem drei Originalwerke von Picasso. In der neuen Stadt stehen einige **Wolkenkratzer** entlang von modernen Boulevards. Zwei riesige **Luxus-Shoppingmalls** laden zum Flanieren ein und zwischen Bentley und Gucci kann man hier erahnen, wie reich das Öl einige der Bewohner von Baku gemacht hat.

Ganz im Westen der Stadt auf der Straße in Richtung Gobustan steht die **Bibi Heybet Moschee** zwischen dem dazugehörigen Friedhof und dem Industriehafen. Sie stammt aus dem Jahr 1998 und geht auf eine viel ältere Moschee aus dem 13. Jahrhundert zurück. Im oberirdischen Bereich kann man das **Grab von Bibi Heybet** sehen, einer Verwandten von Mohammed, die nach Aserbaidschan kam, um den Menschen zu helfen und als Ärztin zu praktizieren. Sie war sehr beliebt, weshalb auch ihr aktueller Grabraum besonders prachtvoll und reich verziert ist. Um den Innenraum zu besuchen, müssen sich Frauen vollständig verschleiern.

In Baku ist die Auswahl an Hotels sehr groß. In der Altstadt gibt es eine Vielzahl an kleineren hübschen Boutique-Hotels. Rund um die Altstadt stehen mehrere Hotels mit vier und fünf Sternen, die bei der High Society beliebt sind. Günstig (um die

30 Euro) sind das The Horizon Hotel in der Altstadt und das Buta Hotel mit einem kleinen Restaurant auf der Terrasse des vierten Stocks. Das Shah Palace Hotel und das Sultan Inn verlangen um die 70-80 Euro für eine Übernachtung. Angenehm und trotzdem zentral gelegen sind das Sapphire Hotel, das Hotel Amber und das Azcot Hotel (40-55 Euro pro Nacht). Es ist unproblematisch, online über die einschlägigen Buchungsportale eine Unterkunft zu finden. AirBnB ist noch wenig verbreitet und bietet bisher nur wenige Zimmer, die eher außerhalb der Stadt liegen.

Absheron Halbinsel

Die Halbinsel Absheron liegt östlich von Baku. Sie ist übersät mit teils schon sehr alten Ölförderanlagen und -pumpen, die nicht gerade zu einem malerischen Landschaftsbild beitragen. Trotzdem haben viele Bewohner von Baku hier ihre Wochenendhäuser. Für Touristen wie auch für Pilger ist der **zoroastrische Feuertempel** auf der Halbinsel Absheron eine der Hauptattraktionen. Er ist auch als **Surakani Feuertempel** bekannt und täglich von 9 bis 18 Uhr geöffnet. Das Eintrittsticket kostet nur zwei Manat. Teile der Anlage stammen bereits aus dem 18. Jahrhundert, wobei es zahlreiche Erweiterungen der Anlage gab. Heute ist eine Reihe von einstöckigen niedrigen Gewölbebauten zu erkennen, die um einen Innenhof gruppiert sind.

Mitten im Hof steht der eigentliche Feuertempel, in dem eine ewige Flamme brennt. In den niedrigen Gewölben sind Ausstellungen zu finden, die über die Geschichte des Tempels, die hinduistischen Wurzeln, die zoroastrische Religion und das Bauwerk im Allgemeinen informieren.

Zoroastrischer Feuertempel, Absheron

Etwa 10 Minuten Fahrt vom Feuertempel befindet sich die kleine Ortschaft **Merdekan**. Es handelt sich um ein recht unscheinbares Dorf, in dem einer der alten Festungstürme steht. Der fünfstöckige 22 Meter hohe Turm ist normalerweise von 8 bis 20 Uhr geöffnet und es wird kein Eintrittsgeld verlangt. Der Mann, der sich um den Turm kümmert, kann leider kein Englisch und es gibt auch keine Hinweisschilder. Man kann jedoch auf die den Turm umgebende **Festungsmauer** steigen, sowie den eigentlichen Turm innen hinaufsteigen. Die Treppen sind sehr uneben, nicht beleuchtet und die Stufen recht hoch. Die Zwischenböden der Stockwerke bestehen nur aus sehr baufälligen Holzbrettern, die auf morschen Balken liegen. Es ist also Vorsicht geboten. Der Ausblick von oben ist recht gut, wobei es allerdings nichts wirklich Spektakuläres zu sehen gibt.

Der Schrein von **Pir Hesen** ist ein Pilgerort für abergläubige Aserbaidschaner, der westlich des Stadtparks von Merdekan liegt. Es handelt sich um einen kleinen Garten, in dem sich das Grab eines der ehemaligen Ölbarone, ein rundliches pavillonartiges Gebäude und einige archäologische Ausgrabungen befinden. Hier kommen Menschen aus dem ganzen Land hin, um sich von bösen Geistern und von Nervosität befreien zu lassen. Der selbsternannte Priester zerschlägt kleine Flaschen auf den Köpfen der Bittsteller und heilt sie damit.

Ein weiterer **islamischer Schrein** ist der Mir Mövsöm Ziaretgah. Diese Anlage ist sehr modern, mit **Spiegelmosaiken** verziert und von einer traditionell inspirierten zentralasiatischen Kuppel bedeckt. Viele der Pilger, die hierherkommen, wünschen sich etwas und kehren mit großzügigen Opfergaben zurück, wenn der Wunsch in Erfüllung geht.

Gala ist ein kleines Dorf, in dem aktuell viele Gebäude renoviert werden. Interessant ist das **ethnografische Museum**, das die Traditionen, die Geschichte und Alltag auf der Halbinsel Absheron in Form eines Freilichtmuseums zeigt. Es ist von 9 bis 18 Uhr geöffnet.

Yanar Dag, der **brennende Berg**, liegt etwas nördlich von Baku. Es handelt sich im Grunde nur um etwas Gas, das aus dem Boden austritt und brennt. Der brennende Berg ist jedoch eine der Hauptattraktionen in Aserbaidschan. Viele Besucher sind etwas enttäuscht, weil es keinen Berg gibt, sondern nur einen kleinen Hügel, an dessen Fuß seit Jahrhunderten eine Flamme brennt, mal kleiner, mal bis zu zwei Metern hoch.

Schon Marco Polo hat von diesen brennenden **Gasquellen** geschrieben, allerdings gibt es heute nur noch eine von ehemals drei dieser Quellen. Der Zutritt zu dem kleinen Feuerplatz ist von 9 bis 20 Uhr möglich und es werden 2 Manat Eintritt verlangt. Es riecht in der Nähe der Gasquelle ein wenig nach Gas.

Yanar Dag

Gobustan

Spätestens seit dem Jahr 2000, als die **Felsmale-
reien** von Gobustan auf die Liste des UNESCO
Welterbes gesetzt wurden, ist diese historische
Stätte eine der Hauptattraktionen in Aserbaidschan. Die **Petroglyphen**, die hier an den verschiedenen Felswänden zu sehen sind, stammen
aus der Steinzeit. Die ältesten von ihnen sind an
die 15.000 Jahre alt. Es sind deutlich Ochsen,
Bergziegen, Jäger und Frauenfiguren zu erkennen,
die in den Stein geritzt wurden. Zudem ist die fel-
sige Umgebung wunderschön. Von einer kleinen
Plattform mit einem Café kann man bis aufs Meer

blicken. Ein paar hundert Meter von der eigentlichen Petroglyphenstätte entfernt steht ein Museum, das in hochmoderner Weise mit Monitoren und interaktiven Installationen über die Felsbilder, ihre vermutliche Bedeutung und die Geschichte der Besiedelung Aserbaidschans informiert.

Petroglyphen in Gobustan

Shamakhi (Samaxi)

Shamakhi liegt etwa 130 Kilometer westliche von Baku am Fuße des **Großen Kaukasus** auf einer Höhe von 800 Metern über dem Meeresspiegel. Shamakhi war schon früh eine bedeutende Handelsstadt, die bereits im alten Griechenland unter dem Namen Kmakhia bekannt war. Während der

Zeit der Seidenstraße blühte Shamakhi auf und es war auch für eine Weile die Hauptstadt des Reiches der Shirwanshahs. Mehrfach wurde Shamakhi von **Erdbeben** zerstört, unter anderem 1667, 1669, 1828, 1859, 1872 und 1902. Auch das Erdbeben im Jahr 2000 richtete einige Schäden an. Trotzdem haben viele historische Bauten überlebt. Die **Djuma Moschee** oder Cuma Moschee ist bekannt, befindet sich allerdings nicht mehr in ihrem Originalzustand. Sie wurde allerdings in ihrer Geschichte mehrfach wieder aufgebaut. Das heutige Gebäude wirkt wie neu, was es in großen Teilen auch ist. Im Innenhof kann man jedoch noch die alten Fundamente der ehemaligen Anlage aus dem 10. Jahrhundert erkennen. Sie ist damit die **älteste Moschee im Kaukasus.** Vor ihr soll an derselben Stelle ein Tempel der Sonnenanbeter gestanden haben.

Eine der Hauptattraktionen in Shamakhi ist der Friedhof mit den **sieben Königsgräbern**. Der Ort wird oft als Königliches Mausoleum oder als Eddi Gyumbez bezeichnet. Es handelt sich um einen sehr alten Friedhof, auf dem sieben alte Kuppelbauten zu sehen sind. Vier von ihnen sind noch gut erhalten, bei dreien ist die Kuppel eingestürzt. Im Innern der Bauwerke finden sich jeweils drei bis fünf Gräber mit **kunstvoll verzierten Grabsteinen**. Hier liegen Mitglieder der verschiedenen Generationen der Shirwanshah-Familie begraben. Rund um die Mausoleen finden sich hunderte von

Grabsteinen aus den vergangenen Jahrhunderten sowie moderne Gräber.

Mehr Informationen zur Geschichte der Shirwanshahs und der Umgebung gibt es im eher trocken präsentierten Geschichtsmuseum und im etwas lebendiger gestalteten **Sabir Museum**.

Khansgräber in Shamakhi

Außerhalb der Stadt Shamakhi kann man die **Gulistan-Festung** aus dem 11. Jahrhundert besichtigen. Sie liegt bei der Ortschaft Xinishli ein paar Kilometer von Shamakhi entfernt. Ebenfalls nur eine Viertelstunde von Shamakhi entfernt befindet sich das **Observatorium von Tusi**, welches auf 1.400 Höhenmetern in den **Pirgulu-Bergen** liegt. Es stammt aus dem 13. Jahrhundert und hat das größte Spiegelteleskop in der GUS. In den Pirgulu Bergen kann man Skifahren und mit etwas Glück auch wilde Kamele sehen.

Shamakhi ist außerdem bekannt für seine Joghurt- und Weinherstellung. Beliebt ist der Madrasa oder Matrassa-Wein aus dem gleichnamigen Dorf.

In der Stadt Shamakhi gibt es das Shirwan Hotel und Spa, wo man ein Doppelzimmer für knapp 40 Euro kostet. Es gibt hier WLAN und Frühstück. Weitere Hotels von guter Qualität und mit etwas höheren Preisen befinden sich 10-15 Kilometer westlich von Shamakhi in der Nähe von Muganli.

Alet

Die Schlammvulkane von Alet oder Elet sind die am besten zugänglichen **Schlammvulkane** von Aserbaidschan, weil sie nicht weit von Gobusten und nur etwa eine Stunde Fahrt von Baku entfernt liegen. Die Straße, die zu dem **Naturphänomen** hin führt, ist eher eine Schotterpiste, kann aber trotzdem von einem herkömmlichen Taxi nicht jedoch mit einem Reisebus befahren werden. In Aserbaidschan gibt es mehr als die Hälfte aller **Schlammvulkane** auf der Welt. Sie enthalten kalten Schlamm, der von Gasen an die Oberfläche der Erde befördert wird. Es blubbert und sprudelt aus vielen verschiedenen Löchern, die teils wie kleine Vulkane, teils wie Pfützen oder gar Seen aussehen. Der graue Schlamm soll sehr gut für die Haut sein, weshalb viele Einheimische in den Schlammlöchern ein Bad nehmen.

Sumgait (Sumqayit)

Sumgait liegt etwa 40 Kilometer nördlich von Baku, etwa dort, wo die **Absheron Halbinsel** beginnt und hat circa 280.000 Einwohner. Unweit der Stadt liegt das Delta des Sumgait Flusses. Es handelt sich um die drittgrößte Stadt des Landes. Bis zu den 1940er Jahren war Sumgait nur ein Dorf mit wenigen tausend Einwohnern. Stalin beschloss, hier eines der **Ölverarbeitungszentren** zu entwickeln und sorgte damit für ein extrem starkes Wachstum in der zweiten Hälfte des 20. Jahrhunderts. Chemie und Metallverarbeitung waren die Hauptpfeiler der Industrie in Sumgait. Noch immer befinden sich in Sumgait etwa 40% der Stahlproduktion des gesamten Kaukasus. Auch ein Aluminiumwerk aus den 50ern ist noch in Betrieb. Es werden zudem Natronlauge, Gummi, Dünger und Waschmittel hergestellt sowie Hydroenergie erzeugt. Neuerdings ist Sumgait zur Freihandelszone erklärt worden, um mehr ausländische Investoren anzuziehen.

Touristisch gibt es nicht viel zu sehen, denn Sumgait besteht hauptsächlich aus Industriebauten im sowjetischen Stil. Sumgait gilt als eine der schmutzigsten Städte der Welt mit einer ungewöhnlich hohen Kindersterblichkeit und Krebsrate, die aus den vielen **Umweltgiften** resultieren, welche von der Industrie ausgestoßen werden. Noch 2007 war Sumgait auf der **Liste der 10 am meisten verschmutzten Städte der Welt** zu finden. Unglücklicherweise hat die Region von Sumgait zudem mit Erdbeben zu rechnen. Das letzte schwere Erdbeben Ende des Jahres 2000 hatte eine Stärke von 6,3 auf der Richterskala.

Aus diesen Gründen kommen nur wenige Besucher in Sumgait vorbei, höchstens auf der **Durchreise** in den schöneren und saubereren Norden. Die Innenstadt hat eine schöne Uferpromenade, wo man durchaus ein paar angenehme Stunden verbringen kann. Hier gibt es auch Restaurants.

Um die **Namensgebung** der Stadt rankt sich eine traurige Legende. Sie handelt von einem Helden namens Sum, der ein Monster bekämpfen sollte, welches den Fluss angestaut und den Menschen flussabwärts den Zugang zum Wasser verwehrt hatte. Er schaffte es, das Monster zu besiegen, wurde aber vom nun wieder frei fließenden Wasser fortgetragen und nie mehr gesehen. Seine Geliebte begab sich daraufhin zum Fluss und weinte bitterlich. Sie rief immer wieder „Sum Gayid!", was „Sum, komm zurück" bedeutet. Daher haben Fluss und Stadt ihren Namen.

Der Name Sumgait ist 1988 auf traurige Weise berühmt geworden, weil hier eines der **Massaker an Armeniern** stattfand, welches weitere Massaker und Kämpfe nach sich zog. Das Massaker von Sumgait ist sehr umstritten und wird von armenischen und aserbaidschanischen Stellen sehr unterschiedlich dargestellt.

Nicht weit von Sumgait liegt das Dorf Sarai mit einer **hübschen alten Moschee** und zudem der Novkhana Salzsee mit einem schönen Strand. Auch das kleine **Naturschutzgebiet Shakhov** am Ufer des kaspischen Meeres trotzt der starken Umweltverschmutzung.

Sehenswürdigkeiten im NORDEN

Der Norden von Aserbaidschan ist geprägt vom **Großen Kaukasus** und seinen Erhebungen. Hinter dieser Bergkette liegt Russland. Die Region südlich der Berge wird von dichten Wäldern und hügeligen Landschaften dominiert. Auf der **Grenze zu Russland** liegt auch der höchste Berg Aserbaidschans, der **Bazardüzü Dag** mit 4.466 Metern Höhe.

Candycane Berge

Die Candycane Berge, was man mit Zuckerstan-
gen-Berge übersetzen könnte, tragen diesen Spitz-
namen wegen ihrer rot-weißen Streifen, wie sie auf
amerikanischen Zuckerstanden zu Weihnachten zu
sehen sind. Die **Felsformation** gehört zum **Großen Kaukasus** und sicherlich zu den farbenfrohes-
ten Teilen dieser Bergkette.
Sie liegen teils im Khizil Rayon und teils im
Siyazan Rayon und liegen etwa 15 Kilometer von
der Straße entfernt, die Baku mit Guba verbindet.
Die Ausfahrt ist nicht weit von der **Stadt Gilazi** zu
finden.
Die Felsenlandschaft, die ihre **abwechslungsrei-
chen Farben** daher hat, dass das Grundwasser Eisen und andere Metalle ausgewaschen hat, bietet
genug um einen ganzen Tag mit **Wandern** und Fotografieren zu verbringen.

Besh Barmag Dag

Der **Besh Barmag Dag** ist verglichen mit anderen
Bergen des Großen Kaukasus nur ein Hügel. Er ist
520 Meter hoch und liegt nicht weit von den Can-
dycane-Bergen und von der Baku-Guba-Fern-
straße entfernt.
Besh Bermag bedeutet **fünf Finger**. Der Felsen ist
einer der berühmtesten im Kaukasus und hat sich
zu so etwas wie einer Pilgerstätte für Abergläubige

entwickelt. Viele Legenden ranken sich um diesen heiligen Platz. Besonders Frauen kommen hierher. Sie erklimmen kletternd die Felswand, was je nach Kondition 20-30 Minuten dauert. Oben angekommen **küssen sie die Felsen** und wünschen sich etwas. Oft geht es um unerfüllte **Kinderwünsche**, denn den teils phallusförmigen Felsen wird nachgesagt, dass sie für Fruchtbarkeit sorgen können. Es gibt einen Parkplatz und man muss vier Manat Eintritt zu dem Gebiet zahlen.

Shahdag Nationalpark

Der Shahdag Nationalpark liegt nördlich von **Laza** und westlich von **Guba**. Er ist 1,3 Millionen Quadratkilometer groß. Hier liegen mehrere der höchsten Berge Aserbaidschans, unter anderem auch der **Bazardüzü Dag**. Bekannt ist auch der **Shahdag** mit seinen 4.243 Metern, für dessen Besteigung man drei Tage einplanen muss. Der 4.100 Meter hohe **Tufandag** kann ebenfalls in drei Tagen bezwungen werden.
Eintrittstickets zum Nationalpark müssen im Voraus online erworben werden. Man muss sich genau informieren und Acht geben, denn manche Tickets berechtigen nur zum Eintritt in den südlichen Bereich des Nationalparks. Wer wirklich einen der Berge besteigen will, muss ein besonderes Ticket kaufen. Diese kosten um die 75 Euro und mehr. Es

gibt aber auch einige Wanderwege durch die Dörfer in der Umgebung, die man vollkommen kostenlos begehen kann.

Bergpanorama, Kaukasus

Çirag Gala

Çirag Gala oder auch Çirax Gala liegt in der Nähe
der Stadt Gala etwa 30 Kilometer nordwestlich der
Candycane Berge im Wald von Guba. Es handelt
sich um eine der am besten erhaltenen **Festungs-
ruinen** in Aserbaidschan. Um das dreigeschossige
alte Schloss zu erreichen, muss man vom Parkplatz
aus etwa vier Kilometer auf einer schmutzigen
Piste laufen. Der Weg führt stetig bergan aber der
Aufstieg lohnt sich.

Der Bau stammt aus dem 15. Jahrhundert und wurde von den persischen Sassaniden errichtet. Noch im 18. Jahrhundert nutzten die Shahs von Guba die Burg für ihre Verteidigung.

Guba

Guba hat etwa 25.000 Bewohner und ist heute bekannt für ihre Äpfel sowie für die traditionelle Teppichherstellung. Sie liegt am Gudiyalshai Fluss und war im 18. Jahrhundert die Hauptstadt des Reiches des Fatali Khans. Nachdem dieses Khanat jedoch 1806 von den russischen Truppen eingenommen wurde, verlor Goba zunehmend an Bedeutung. Die kleine Stadt lässt sich grob in drei Teile einordnen: im Norden liegt das ehemalige **jüdische Viertel**, im Osten die Neustadt und am Flussufer die Altstadt. Diese **gemütliche Altstadt** mit ihren schmalen Gassen gehört zu den Hauptattraktionen der Stadt. Die **alte Moschee** mit ihren rötlichen Fassaden und einer metallenen Kuppel gehört zu den auffälligsten historischen Bauten. Die **Hasi Cefer Moschee** ist aus Backstein gebaut und bunt bemalt.

Der Nizami Park wird von den Bewohnern der Stadt gerne für Domino- oder Schachpartien genutzt, wobei viel Tee getrunken wird. Im Park stehen zudem einige sowjetisch anmutende Statuen, ein ehemaliger Wachturm und ein Museum. Es handelt sich um das historische Museum, das

Dienstag bis Samstag von 10 bis 13 und von 14 bis 18 Uhr geöffnet ist und einen Manat Eintritt kostet. Die Ausstellung ist erstaunlich modern. Es gibt einige Artefakte aus der Geschichte wie zum Beispiel alte Tonkrüge, aber auch eine kleine Ausstellung über die Rolle der Frauen in der Geschichte des Landes und einen Bereich, der die **Geschichte der Teppichherstellung** zum Thema hat. Nur einer der Guides kann ein wenig Englisch.

Interessant ist der **1918 Genozid**-Komplex in Guba, der montags bis freitags von 9 bis 18 Uhr und samstags und sonntags von 10 bis 17 Uhr geöffnet ist. Der Eintritt ist frei. Auf dem Gelände sollte ein Stadium entstehen, aber während der Bauarbeiten in 2007 wurde ein **Massengrab** gefunden. Also entstand hier dieses emotional und politisch geladene Denkmal voller Knochen und Schädel. Es gibt einen pyramidenförmigen Bau unter dem sich unterirdisch ein Museum befindet. Erinnert wird an die **Massaker** in der Zeit zwischen April und Juni 1918, als die hauptsächlich aus Armeniern bestehende sowjetische Armee 167 Dörfer in der Gegend von Guba verwüstete und mehr als 16.000 Zivilisten in der Region getötet wurden. Der Museumskomplex liegt etwa einen 15-minütigen Fußmarsch vom Nizami Park entfernt.

Girmizi Gezebe ist das **jüdische Viertel** von Guba. Vom Zentrum aus gesehen liegt es auf der anderen Flussseite. Es gibt hier noch zwei Synagogen, die von der Bevölkerung genutzt werden. Das jüdische Viertel fällt durch seinen Wohlstand auf. Eine Fußgängerbrücke mit einigen griechisch anmutenden sowjetischen Statuen verbinden die Altstadt mit dem jüdischen Viertel.

Guba hat einige recht **gute Hotels**, vor allem, weil viele Touristen hier übernachten, wenn sie in die Bergregionen weiter nördlich unterwegs sind. Mit um die 15-20 Euro pro Nacht sind das Oskar Hotel und das Hostel Bai Guba eine günstige Alternative. Beide liegen in der Nähe des Basars. Mit 45 Euro pro Zimmer ist das Shane Hotel etwas teurer aber auch besser ausgestattet. Es hat ein gutes Restaurant, auch wenn die Englischkenntnisse der Bediensteten etwas zu wünschen übriglassen. Etwas teurer (um die 90 Euro pro Nacht) ist das Rixos Hotel, das jedoch fast 10 Kilometer außerhalb des Zentrums liegt. Es hat einen kleinen Erlebnispark mit Karussells und ein eher teures aber recht gutes Restaurant. Auch im Guba Palace Hotel mit Spa und Restaurant kosten die Zimmer um die 90 Euro pro Nacht.

Xinalig

Rund um Guba liegen einige malerische Dörfer in den Ausläufern des **Großen Kaukasus**. Dazu gehört auch Xinalig. Schon die Straße, die von Guba aus hierher führt, ist landschaftlich reizvoll und schlängelt sich durch Täler. In der Nähe gibt es mehrere vergleichbare Dörfer, in denen einige Familien ihre Häuser für sogenannte **Homestay**-Aufenthalte anbieten. Man kann dann eine oder zwei Nächte bei den Einheimischen übernachten, mit ihnen essen und am Tag die Canyons und Bergtäler wandernd erkunden. Xinalig selbst befindet sich auf einer Höhe von 2.330 Metern über dem Meeresspiegel und ist damit **eines der höchstgelegenen Dörfer in Europa**. Das Dorf ist von alten Steinhäusern geprägt, die oft in den Wolken verschwinden. Bei klarem Wetter hat man hier allerdings einen atemberaubenden Panoramablick über die umgebenden Berge.

Von Xinalig aus ist es ein etwa fünfstündiger Ausflug bis zum Dorf **Ateshgah**. Da dieses Dorf jedoch im Shahdag Nationalpark liegt, braucht man für diese Unternehmung eine **Extragenehmigung**. Es ist jedoch zu erwarten, dass sich die Regeln für den Zugang zum Nationalpark in den nächsten Jahren etwas lockern.

Ohne Extragenehmigung kann man den etwa kürzeren und nicht so steilen Weg zum Dorf **Galay Xudat** unternehmen. Auch hier findet man tolle Aussichten und eine einmalige Landschaft vor.

Auf der Straße zwischen Guba und Xinalig etwa 40 Kilometer hinter Guba geht ein Wanderweg vom Aussichtspunkt Shaygosan ab. Von hier aus kann man über einen eher steinigen Weg bis zum Dorf Griz (oder Giriz oder Kris) wandern, welches weniger als 400 Einwohner hat.

Xacmaz (Khachmaz)

Das Dorf Xacmaz liegt auf dem Weg nach **Nab-ran**, wo die Einheimischen gerne die **Strände** besuchen. Xacmaz hat einen etwas eigenen und ungewöhnlichen Charme, wegen seiner **bunten Häuserfassaden** und zahlreicher bizarrer Monumente sowie Straßenlaternen. Eine Brücke im Zentrum erinnert an die Tower Bridge in London. Das Bauwerk, in dem die **Schachschle** untergebracht ist sowie der Bahnhof sind architektonisch interessant.

Laza

Es ist zurzeit leider noch nicht möglich, von Xinalig aus bis nach Laza zu wandern. Wahrscheinlich werden sich die Regeln für den Zugang zum **Shahdag Nationalpark** aber in Zukunft etwas lockern. Laza liegt etwa 13 Kilometer nördlich von Guba und ist über eine asphaltierte Straßen in weniger als einer Stunde erreichbar. Bei gutem Wetter kann man den Gipfel des Shahdag mit seinen 4.243 Metern sehen sowie zahlreiche andere **Berggipfel** des Großen Kaukasus. Beliebte Aussichtspunkte befinden sich in dem Dorf **Anig** oder in dem Skigebiet **Aladash**, das im Sommer einige Wandertouristen anzieht. Die meisten der eleganten Hotels und Restaurants hier sind allerdings nur in der Skisaison geöffnet.

Laza an sich hat nur wenige unauffällige Häuser, eine kleine Moschee und einige Geschäfte. Die Hauptattraktionen hier sind einfach die spektakuläre Landschaft und der Blick auf den Kaukasus. Neben den luxuriösen **Skiresort-Hotels** gibt es auch ein paar kleinere Hotels und Homestay-Möglichkeiten.

Sehenswürdigkeiten im WESTEN

Der Westen von Aserbaidschan hat eine lange und bewegte Geschichte. Hier finden sich mit **Ganja** und **Sheki** zwei bedeutende Städte, die nicht nur wirtschaftlich und kulturell, sondern auch touristisch von Interesse sind.

Viele Besucher wählen neben Baku und Umgebung einen Ausflug in diese Region, weil es hier sowohl Bergpanoramen als auch Kultur und Geschichte zu erleben gibt. In vielen kleinen Dörfern scheint die Zeit seit Jahrzehnten stehen geblieben zu sein und hier ist Aserbaidschan noch sehr **ursprünglich und charmant**.

Lahic

Unter den Aserbaidschanern sind die Bewohner von Lahic für ihren iranisch angehauchten Dialekt bekannt. An den Wochenenden trifft man hier viele Ausflügler aus der Hauptstadt an. Von Lahic aus starten einige **schöne Wanderstrecken** in die umliegenden Berge aber auch das Städtchen selbst ist einen Abstecher wert. Die Hauptstraße ist mit Kieselsteinen gepflastert. An ihr reihen sich die typischen Häuser aneinander, welche traditionell aus einem Gemisch von Stein und Backstein gebaut sind. Einige haben die charakteristischen hölzernen Balkone, die man überall in der Umgebung findet. Im Erdgeschoss gibt es kleine Boutiquen aber auch noch ein paar alte Werkstätten.

Eine **Hängebrücke** verbindet Lahic mit **Zernava**. Sie befindet sich etwa 11 Kilometer vom Zentrum entfernt und die meisten Besucher halten an dieser Fußgängerbrücke an, um Fotos von der Brücke und der Landschaft zu machen.

In einer **ehemaligen Moschee** ist heute das historische Museum untergebracht. Es hat dienstags bis samstags von 9 bis 14 und von 15 bis 18 Uhr geöffnet. Der Eintritt ist frei. Es wird aber um eine kleine Spende gebeten. Die Ausstellung besteht nur aus einem einzigen Raum, in dem Artefakte aus der Geschichte des Dorfes zu sehen sind.

Von Lahic aus gibt es einige interessante Wanderrouten. Eine der schönsten führt zur **Niyal Galasi Burg**, welche allerdings kaum noch als solche zu erkennen ist, weil sie vollständig zu einer Ruine zerfallen ist. Die Wanderung dauert etwa drei Stunden (hin und zurück).

Eine Wanderung, die den ganzen Tag in Anspruch nimmt, ist die zu den Ruinen der **Fit Dag Burg**. Vom Touristeninformationszentrum werden Begleitpferde und der Rücktransport mit einem Geländewagen angeboten. Die Wanderungen rund um Lahic bieten bei klarem Wetter jeweils tolle Blicke auf die umliegenden schneebedeckten Gipfel des Kaukasus.

Babadag

Der Babadag ist eine Art **heiliger Berg** für die Aserbaidschaner. Er ist 3.629 Meter hoch und wer ihn besteigt, soll einen Wunsch erfüllt bekommen. In der Sommersaison trifft man hier tatsächlich viele Menschen an, die diesem Aberglauben erlegen sind und sich fast wie Pilger verhalten. Der Aufstieg ist etwa ab Juni bis Ende August möglich. Der Weg ist recht steil und anstrengend, aber vollkommen ohne Kletterwerkzeug möglich. Man muss etwa sechs Stunden für den Anstieg und vier Stunden für den Rückweg einplanen. Deshalb starten die meisten schon **vor Sonnenaufgang**.

Von Lahic aus ist der Startpunkt für den Aufstieg in **Gurbangah** nur mit einem Geländewagen erreichbar. Die Fahrt dauert etwa zwei Stunden und ist recht holprig.

In der Nähe des Babadag gibt es Übernachtungsmöglichkeiten in Form von **Homestay** und einfachen Gästehäusern aber auch einige Hotels, zum Beispiel das Evim Otel, wo man jedoch das Badezimmer mit anderen Gästen teilen muss. Die Übernachtungen hier kosten um die 35 Euro im Doppelzimmer. Gästehäuser und Homestay sind deutlich günstiger.

Gabala

Gabala hieß bis 1990 noch Kutkashen und wurde dann zu ehren der kaukasisch albanischen Geschichte des Landes nach einer alten albanischen Stadt umbenannt, die einst etwa 20 Kilometer entfernt gelegen hatte. Diese historische Stadt war bereits im 18. Jahrhundert von Nader Shah und seinen Truppen zerstört worden, dann vergessen und schließlich 1959 von Archäologen wiederentdeckt und untersucht worden. Die **Ausgrabungsstätte** kann man besuchen. Sie ist von 9 bis 13 und von 14 bis 18 Uhr täglich zugänglich. Der Eintritt kostet 2 Manat. Es gibt nicht wirklich viel zu sehen, aber wer sich für archäologische Ausgrabungen oder Geschichte interessiert, wird auf seine Kosten kommen. Die besten hier gefundenen Artefakte sind in dem kleinen **Museum** auf dem Gelände ausgestellt.

Das heutige Gabala ist ein Skiort mit einigen sehr modernen Hotels. Im Sommer ist die Gegend hauptsächlich wegen der schönen bewaldeten Berge bekannt, die das Dorf umgeben. Unweit befindet sich zum Beispiel das Dorf **Duruja** (oder Durca), wo einst nur Schäfer gelebt haben. Heute gibt es neben den **alten Steinhäusern**, die oft nur als Sommerresidenz dienten auch ein paar Gästehäuser. Duruja kann mit einer **Seilbahn** erreicht werden. Für Touristen aber mehr noch für einheimische Familien interessant ist der **Freizeitpark Gabaland**.

Rund um Gabala gibt es mehrere schöne Skiresorts, in denen im Sommer Wanderer unterkommen, die die Landschaft genießen wollen. Man kann aber auch in der alten Karawanserei übernachten, die zu einem eleganten Designhotel umgebaut wurde. Die hübsch dekorierten Zimmer in der **Gafgaz Karawanserei** kosten um die 40-50 Euro pro Nacht.

Sheki

Sheki oder Shaki liegt im Nordwesten des Landes an den Hängen von bewaldeten Hügeln, die im Hinterland immer bergiger werden. Die Stadt gehört wohl zu den schönsten Städtchen im aserbaidschanischen Teil des Kaukasus. Sie ist berühmt für ihre alten gut erhaltenen Gemäuer und für die **Süßigkeiten**, von denen alle in Aserbaidschan schwärmen.

Zu den Sehenswürdigkeiten gehört das **Festungs-gelände**, das sich etwas oberhalb der Stadtmitte befindet. Die massive Mauer, die das Gelände umgibt und einige Wehrtürme aufweist, ist liebe-voll restauriert und etwa so groß wie die Stadt-mauer von Baku. Es gibt zwei Eingänge, einen am obersten und einen am untersten Punkt.

Khanpalast in Sheki

Innerhalb der Mauern befindet sich der **Sommer-palast des Khan**, der ein echtes Juwel ist. Der Ein-tritt kostet nur 2 Manat und ist täglich von 10 bis 18 Uhr möglich. Schon die Frontfassade ist ein-drucksvoll verziert mit Spiegeln und Fliesen in vielen bunten Farben. Die **Shebeke-Fenster** sind extrem bunt. Der Palast wurde 1762 erbaut, aber die beiden Platanen, die davor im Garten stehen, wurden bereits 1530 gepflanzt. Sie überragen alle Gebäude auf dem Gelände.

Im Innern des Palastes ist das Fotografieren verboten. Die Räume sind über und über mit Wandmalereien verziert, auch an den Decken. Es lohnt sich, einen Guide für 5 Manat zu buchen, der mehr über die Symbolik der verschiedenen Malereien weiß. Die Bilder an Wänden und Decken zeigen Jagdszenen, **Blumenmuster** und einige **Fabelwesen** sowie Märchengestalten. Die bunten Fenster werfen tolle Muster auf den noch original erhaltenen Holzboden, wenn Sonnenlicht durch sie hindurch scheint.

Wie diese schönen und bunten Fenster entstehen oder entstanden sind, kann man etwas unterhalb des eigentlichen Khanpalastes erfahren. Hier befindet sich ein kleiner Basar, in dem sich auch die **Werkstatt** eines der bekanntesten Shebekekünstler von Sheki befindet. Die Kunst, diese Fenster nur aus Glasstückchen und Holz ohne Klebstoff oder Nägel herzustellen, heißt Shebeke. Sie ist in Sheki beheimatet und schon sehr alt. Der Eigentümer der Werkstatt zeigt interessierten Besuchern gerne seine Räumlichkeiten und Fähigkeiten.

Weiter unten in der Stadt Sheki befindet sich der **Winterpalast des Khan**. Dieser ist von 9 bis 21 Uhr geöffnet, verlangt 2 Manat Eintritt und 2 weitere Manat fürs Fotografieren. Der Palast ist etwas kleiner als der berühmtere Sommerpalast, aber auch wunderschön renoviert. Einige Wandmalereien stammen aus dem Jahr 1765 und sind noch sehr gut erhalten. Sie zeigen Szenen aus Gedichten von Nizami Ganjavi.

Ebenfalls sehenswert ist die **alte Karawanserei** am oberen Ende der Geschäftsstraße **Axundzada Prospekt**, die mit ihren historischen Klinkerbauten ebenfalls eine der Hauptattraktionen ist. Hier verkauft fast jeder zweite Laden die **berühmten Süßigkeiten,** eine Art Baklava mit Honig und verschiedenen Nüssen. Die Karawanserei wurde renoviert und man kann hier noch heute ein schlichtes Zimmer mieten. Der Innenhof ist liebevoll bepflanzt und mit Stühlen und Tischen versehen. Der Eintritt ist frei.

Eine schöne Wanderung von Sheki aus führt nach **Xan Yaylagi**. An der Straße nach Kish geht ein etwa 12 Kilometer langer Wanderweg ab, der auf dieses Plateau hinauf führt, wo man einen tollen Blick in die Landschaft und auf die Berge des Kaukasus hat. Für einen Weg sollte man mindestens dreieinhalb Stunden einplanen.

In Sheki gibt es einige gute Hotels, unter anderem das Sheki Palace (70 Euro pro Nacht) mit sehr schönen Zimmern und einem guten Restaurant oder das Sheki Saray Hotel (ca 50 Euro pro Nacht) mit orientalischem Innendekor. Natürlich kann man auch im Homestay oder in der Karawanserei mit weniger Luxus aber etwas mehr historischem Ambiente unterkommen.

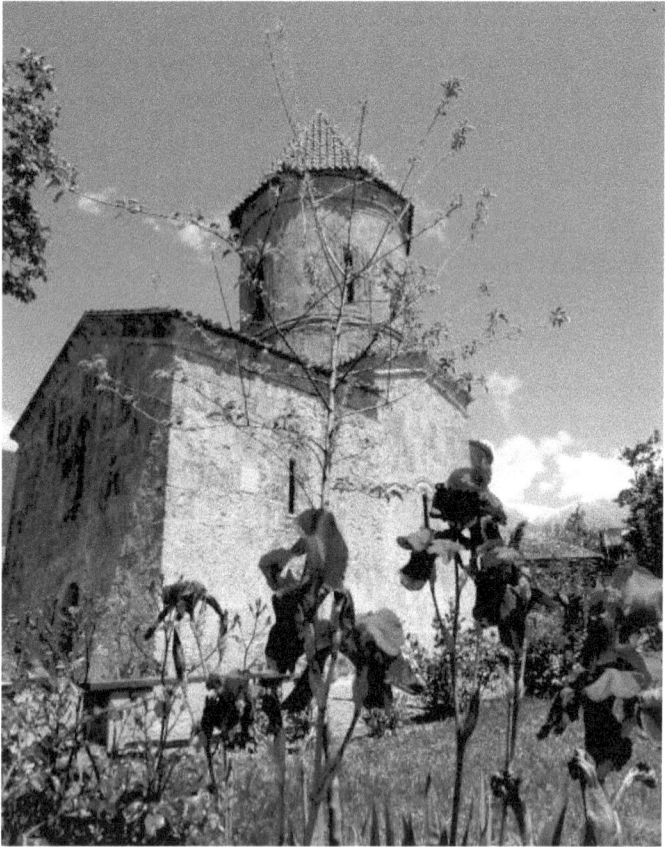

Kaukasisch albanische Kirche in Kish

Kish

Kish liegt nur wenige Kilometer von Sheki entfernt etwas höher in den Bergen. Von hier aus kann
man im Gegensatz zur Innenstadt von Sheki die
schneebedeckten Gipfel der umgebenden Berge

sehen. Kish ist ein typisches kaukasisches Bergdorf mit einem ruhigen friedlichen Charme. Die
Hauptattraktion ist der **kaukasisch albanische
Tempel**. Er ist schon mehrere hundert Jahre alt,
während Knochenfunde aus der Bronzezeit darauf
hindeuten, dass hier bereits vor tausenden von Jahren Menschen gelebt haben.
Der Eintritt kostet 2 Manat und der Tempel ist von
9 Uhr bis zum Sonnenuntergang täglich geöffnet.

Oguz

Oguz (einst Vartashen) liegt einige Kilometer süd-
östlich von Sheki. Von hier aus sind es nur wenige
Kilometer bis zur von Russland kontrollierten Republik Dagestan.
Der Name Oguz kommt von einem alten türkischen Stamm, der nach Norden zog und sich unter
anderem hier niederließ. Oguz erhielt diesen Namen jedoch erst kürzlich. In der Sowjetzeit hieß
die Stadt noch Varteshen.
In der Umgebung werden Nüsse und Tabak angebaut. Landwirtschaft ist die Haupteinnahmequelle.
In Oguz gibt es noch eine kleine aber stabile **jüdische Gemeinde**, die sich als Tats oder als Bergjuden bezeichnen. Ebenfalls lebt eine Minderheit
von Lezgin in Oguz. Die Christen armenischer Ab-
stammung, die vor dem Bergkarabachkrieg in
Oguz gelebt haben, sind heute verschwunden. Es

gab bis vor wenigen Jahren hier auch noch Nachfahren der alten kaukasischen Albanier, die eine Sprache namens Udi gesprochen haben. Sie wurden aber wegen ihrer christlichen Wurzeln ebenso verfolgt wie die Armenier.

Die neulich **renovierte Synagoge** aus dem Jahr 1906 ist mit das eindrucksvollste Bauwerk in Oguz. Etwas weniger spektakulär ist die Moschee. Auch wenn es kaum Informationen in englisch gibt, ist das **Heyder Aliyev Museum** einen Besuch wert, zumindest, wenn man sich für den **Heldenkult** interessiert, der hier um diesen Staatsmann und Vater des aktuellen Präsidenten gemacht wird. Auf der Webseite der Regierung steht, dass das Museum geschaffen wurde, um den außergewöhnlichen Politiker und das Genie Heyder Aliyev zu verehren und um der Jugend die Vorzüge seines Erbes näher zu bringen. Man darf also keine neutrale Berichterstattung in diesem Museum erwarten.

Südlich von Oguz gibt es an der Straße, die nach Mingachevir führt eine schöne armenische Kirche in der Ortschaft **Karimli**. Die Ortschaften **Mukhas**, **Filfili, Jalut und Vardanli** haben jeweils kleine Türme und Festungsanlagen aus der zeit zwischen dem 13. und dem 15. Jahrhundert.

Fazil

Bei dem Dorf Fazil gibt es eine interessante **Ausgrabungsstätte**, an der zwei Archäologen schon seit vielen Jahren arbeiten. Die Stätte liegt etwa 25 Kilometer von Sheki entfernt und kann nach Voranmeldung für 2 Manat pro Person besichtigt werden. Es wurden hier etwa ein Dutzend **Grabstätten** aus dem **7. bis 2. Jahrhundert vor Christus** entdeckt. Sie wurden genauso belassen, wie man sie ausgegraben hat. Daher sind Grabbeigaben und Anordnung der Skelette noch gut erkennbar.

Qax (Gakh)

In Qax besteht ein Teil der Bevölkerung aus georgischstämmigen Menschen. Sie sprechen noch immer georgisch. Es gibt drei alte georgische Kirchen, wobei in einer von ihnen ein kleines Museum untergebracht ist. Die Umgebung der Stadt ist landschaftlich besonders schön, weshalb sie auch als die Schweiz des Kaukasus bezeichnet wird.

In der **Altstadt von Qax** befindet sich der Iseri Basar, der alte Basar. Es handelt sich bei den Gebäuden in der Basarstraße tatsächlich um ältere Bauten, die jedoch bei ihrer Renovierung einen nicht gerade authentischen Touch von Antike bekom-

men. Die **majestätischen Torbogen** und Solda-
tenstatuen wirken etwas deplatziert. Im Zentrum
liegt ein kleines Theater unter freiem Himmel, das
vor allem an Sommerabenden ein wirklich char-
manter Ort ist, wenn darin Stühle und Tische auf-
gestellt werden und die Menschen Tee trinken. Einen Block weiter nördlich des Theaters findet man
dann aber doch noch ein paar authentische **traditionelle Gebäude** mit schönen Holzfenstern.

In Qax gibt es das Hotel Qax, wo man für wenige
Euro ein Zimmer mit sehr einfacher Einrichtung
mieten kann. Nur die Suiten haben eigene Badezimmer.

Ilisu

Bei Ilisu treffen zwei besonders schöne Gebirgstä-
ler aufeinander. Im 18. Jahrhundert war Ilisu einmal die Hauptstadt eines Sultanates, das es jedoch
nur kurz gegeben hat. Heute steckt das **verschla-
fene Dorf** voller traditioneller Architektur und pit-
toresker alter Häuser mit roten Ziegeldächern,
Torbögen an den Einfahrten zum Hof und den typischen Holzfenstern. Es gibt noch Überreste der
alten Stadtmauer zu sehen und eine 200 Jahre
alte Moschee. Im Süden von Ilisu steht ein quad-
ratischer fünfgeschossiger **Festungsturm**, der sich
malerisch vor der Kulisse der schneebedeckten
Gipfel des Kaukasus abhebt.

Am nördlichen Ende von Ilisu lädt das kleine Uludag Restaurant zu traditionellen Speisen mit spektakulärem Ausblick auf die Bergwelt ein. Von hier aus kann man sich auf eine Wanderung von etwa einer dreiviertel Stunde machen. Es geht stets bergan und am Ende erreicht man den **Salala Wasserfall**. Man sollte sich aber vergewissern, dass man sich wirklich auf dem Weg zum Wasserfall befindet, denn die Wanderung in Richtung der russischen Grenze zur anderen Seite ist nicht gestattet.

In Ilisu gibt es das El Resort Hotel, das mit etwa 55 Euro für ein Doppelzimmer vergleichbar teuer ist, aber einen Swimmingpool und ein Fitnesscenter hat.

Zaqatala

Zaqala wird auch als die **Haselnussstadt** bezeichnet. Zwei Flüsse aus dem Kaukasus vereinen sich hier, um gemeinsam nach Süden zu fließen. In der gesamten Umgebung gedeihen Haselnusssträucher besonders gut. Der höher gelegene Bereich der Stadt ist die Altstadt. Im Zentrum liegt ein hübscher Park, in dem einige eindrucksvolle Bäume stehen, die schon fast 150 Jahre alt sind. Südlich davon befindet sich der **Heyder Aliyev Prospekt** mit einigen schönen Häuserfassaden. In der Oberstadt findet man die in Ruinen liegende **orthodoxe**

Kirche und den Eingang einer alten **Festungsanlage**. Diese wurde zwischen 1830 und 1860 unter russischer Herrschaft erbaut, um die Stadt vor den Guerillatruppen aus Dagestan zu schützen. Später waren an diesem historischen Ort Gefangene vom Schiff Potemkin inhaftiert, das in der Geschichte der russischen Revolution eine Rolle spielte.

Ebenfalls am Heyder Aliyev Prospekt liegt ein kleines Museum, das einen Manat Eintritt verlangt. Es lohnt sich, einen kurzen Blick auf die **historische Sammlung** zu werfen. Es sind alte Bücher, Tonkrüge und Schmuck ausgestellt. Leider gibt es keine englischen Erklärungen.

In der Altstadt gibt es das Turqut Motel, wo man für 15-25 ein Zimmer mit Gemeinschaftsbad oder auch eigenem Badezimmer buchen kann. Das Personal spricht kein Englisch und die Badezimmer sind nicht besonders komfortabel, aber die Alternativen sind beschränkt.

Ein etwas besseres Hotel gibt es am Heyder Aliyev Prospekt. Im Grata Hotel kosten die Zimmer zwischen 30 und 70 Euro. Sie haben europäischen Standard und sogar Klimaanlagen.

Car

Das Dorf Car erreicht man, indem man von der Altstadt von Zaqatala weiter bergan durch die Wälder wandert. Der Weg ist recht steil, aber der Ausflug in das **pittoreske kleine Bergdorf** lohnt sich. Die seltenen Besucher, die sich bis hierher verirren, kommen um die hübschen traditionellen Häuser hinter moosbewachsenen Trockenmauern zu fotografieren und um in einem der lokalen ortstypischen Restaurants eine **hausgemachte Mahlzeit** zu essen.

Die Umgebung von Zaqatala und Car ist aber auch bei Wanderern beliebt. Von den alpinen Wiesen hier hat man wunderschöne Aussichten auf die **Berglandschaft**. Es gibt einen Hauptwanderweg, den man von Car aus leicht erkennen kann. Am Amin Markt geht man über eine **Metallbrücke** und biegt nach knapp einem Kilometer zweimal links ab. Die Schafe nehmen ihn jeden Tag, um zu ihren Weiden zu gelangen. Hier geht es nur noch zu Fuß oder mit einem Pferd weiter. Wer nicht alleine in den Bergen unterwegs sein möchte, kann in Zaqatala im Touristenbüro (geöffnet von 9 bis 18 Uhr am Heyder Aliyev Prospekt) einen **Wanderführer** für etwa 25 Euro pro Tag engagieren. Es gibt auch das Angebot einer geführten Zweitagestour zum **Xalaxi Göl,** einem **Bergsee**, wo man in einer Schäferhütte übernachten kann.

In Car ist das Lassat Istirahat Zonasi das einzige Gästehaus. Die Badezimmer sind sehr einfach aber das Restaurant bietet eine gute Auswahl an georgischen, aserbaidschanischen und dagestanischen Spezialitäten. Allerdings dauert es sehr lange, bis eine Mahlzeit die Küche verlässt.

Balakan

Balakan liegt nicht weit von der **Grenze zu Georgien** entfernt. An der Hauptkreuzung steht ein großer Flaggenmast. Es gibt hier nur wenig zu sehen wie zum Beispiel eine kleine Moschee und im Stadtpark eine eigenartige Seilbahn, die vollkommen eben verläuft. Im Hotel Qubek, wo die Zimmer zwischen 25 und 35 Euro kosten, kommen meist Reisende auf dem Weg von oder nach Georgien unter.

Ganja

Ganja liegt ziemlich genau in der Mitte zwischen Tiflis und Baku. Es handelt sich um eine der geschichtlich bedeutendsten Städte des Landes. Heute ist Ganja die **zweitgrößte Stadt** in Aserbaidschan. Die Historiker streiten sich, ob sie 2500 oder gar 4000 Jahre alt ist. Neben einer Reihe historischer Bauten sind viele Gebäude aus der russischen Ära erhalten. Die Innenstadt von Ganja wirkt heute aber dank vieler Neubauten sehr modern. Das Zentrum bildet der **Heyder Aliyev Platz** mit einer Mischung aus Gebäuden aus der stalinistischen Zeit, aus dem 20. und dem 21. Jahrhundert. Eine kleine Kirche stammt noch aus dem 17. Jahrhundert. Das stalinistische Rathaus und eine Statue von Heyder Aliyev bestimmen das Bild des recht großen Platzes. Einst stand hier ein Standbild von

Lenin, das aber schon vor vielen Jahren weichen musste. Hier befindet sich auch das Heyder Aliyev-Museum, das dem Leben des Staatsmannes gewidmet ist.

Ein paar Schritte vom Heyder Aliyev Platz entfernt befindet sich die Juma oder **Shah Abbas Moschee** aus dem frühen 17. Jahrhundert, welche heute restauriert ist und fast wie neu wirkt. Schöne Glasfenster, die nach der **Shebeke-Methode** gefertigt wurden, zieren den sonst eher schlichten Gebetsraum. Die Moschee hat zwei Minarette und neben ihr steht das ebenfalls gut erhaltene Badehaus. Hinter der Moschee befindet sich das **Mausoleum von Cavad Khan**.

Juma Moschee in Ganja

Die Fußgängerzone schließt sich an den Platz der Moschee an. Die Fassaden der Gebäude aus dem frühen 20. Jahrhundert wurden kürzlich renoviert. Das Gebäude der **Philharmonie** ist besonders schön. Vor ihm wurde ein Brunnen mit zahlreichen Skulpturen errichtet. Nicht weit von der Fußgängerzone liegt der Stadtpark mit einem Café und den Resten der alten Stadtmauer Ganjas aus dem 16. Jahrhundert.

Es gibt nur noch sehr wenige Christen in Ganja, allerdings noch einige Kirchen. Die **Alexander Nevski Kirche** ist zu einem Puppentheater umfunktioniert worden. Die ehemalige armenische Kirche im Süden von Ganja liegt in Ruinen und in der Nähe der Universität befindet sich noch eine russisch orthodoxe Kirche aus dem 19. Jahrhundert. Dieses Backsteingebäude wird zurzeit (2018) renoviert.

Eine etwas kuriose Attraktion in Ganja ist das sogenannte **Flaschenhaus**. Ein russischstämmiger Herr hat an diesem Gebäude sein Leben lang gebaut und er hat die Fassaden fast vollständig mit alten Glasflaschen verziert. Es lohnt sich, einen kurzen Spaziergang dorthin zu unternehmen, um ein Foto von dem auffälligen Haus zu machen. Wer Glück hat, trifft die Bewohner an, die immer mal wieder vorbeikommenden Touristen alte Familienfotos und Zeitungsausschnitte zeigen, in denen das berühmte Wohnhaus erwähnt wurde.

Ganja ist unter anderem bekannt, weil Aserbaidschans berühmtester Dichter **Nizami Ganjavi** hier geboren wurde und aufgewachsen ist. Ganjavi lebte von 1141 bis 1209. Mehrere Denkmäler erinnern an den Dichter. **Sein Grab** ist ebenfalls in Ganja zu finden, allerdings außerhalb der Stadt an der Autobahn in einer weitläufigen Parkanlage, dem Heyder Aliyev Park. Hinter dem eigentlichen 20 Meter hohen Mausoleum aus rotem Marmor befinden sich Skulpturen, die Szenen aus seinen Werken zeigen und die Gräber seiner beiden Eltern.

Im Norden von Ganja steht ein eindrucksvolles islamisches Bauwerk: die **Imamzada** aus Backsteinen und blauen glänzenden Kacheln. Es wurde vor einigen Jahrzehnten errichtet, um das ältere und kleinere Pendant zu ersetzen. Es handelt sich um das **Grab** von **Maulama Ibrahim**, dem Sohn von Muhammed Al Baqir, der der 5. schiitische Imam von Ganja war.

Ebenfalls außerhalb von Ganja stehen zwei mächtige Stadttore, die als **Ganja Darvazani** bezeichnet werden. Auf diesen beiden Backsteinstrukturen sind in aserbaidschanischer und lateinischer Schrift der Name der Stadt zu lesen. Das 2014 errichtete Tor soll das historische metallene Stadttor ersetzen, welches Anfang des 12. Jahrhunderts von den Georgiern geraubt und nach Gelati gebracht wurde.

Etwa sechs Kilometer östlich von Ganja hinter der verlassenen Aluminiumfabrik findet man die Ruinen von **Alt-Ganja**. Leider sind sie nur schwer zugänglich und kaum gepflegt.

Direkt am Heyder Aliyev Platz steht das Ganja Hotel, welches einen sehr guten Standard und ein recht umfangreiches Frühstück bietet. Die Zimmer kosten in dem majestätischen sowjetisch angehauchten Gebäude etwa 50 Euro. Zu den günstigeren Optionen gehört das Kapaz Hotel aus der Sowjetzeit, in dem es moderne aber auch ziemlich überholte Zimmer für um die 15 Euro pro Nacht gibt. Zu den elegantesten Hotels zählt das Vego Hotel, wo die geräumigen Zimmer etwa 40 Euro kosten und das Ramada Inn, wo die Zimmer um die 70 Euro kosten. Beide liegen aber nicht direkt im Zentrum.

In Ganja gibt es auch ein paar einfache Hostels, wo man für um die 10 Euro pro Nacht unterkommen kann.

Göygöl, Helenendorf

Göygöl oder Helenendorf ist eines von mehreren Dörfern mit einer **deutschen Geschichte**. Göygöl liegt etwa eine halbe Stunde Fahrt von Ganja entfernt in der Nähe des **Göygölsees**. Die Hauptstraße des Dorfes ist von Gebäuden gesäumt, die mit dem Giebel zur Straße hin stehen und die charakteristischen Eingangstore aufweisen. Hier erkennt man die deutschen Wurzeln der Siedler, die 1830 vom russischen Zar hierher eingeladen wurden. Mehrere Familien folgten damals der Einladung und brachten unter anderem die Kunst des **Weinanbaus** in den Kaukasus. Stalin sorgte dafür, dass die deutschstämmigen Siedler während des Zweiten Weltkrieges nach Kasachstan umgesiedelt wurden. Nur einige wenige durften bleiben, wenn sie mit Aserbaidschanern verheiratet waren. Einer der Nachfahren hieß Viktor Klein und sein Haus ist noch fast genauso erhalten, wie es vor etwa 100 Jahren ausgesehen haben mag. Viktors Erbe, ein langjähriger Freund, ist dabei sein **historisches Wohnhaus in ein Museum** umzuwandeln. An der Hauswand ist eine Telefonnummer hinterlassen, unter der der Museumseigner zu erreichen ist. Der alte Mann öffnet das Haus gerne für Besucher und erzählt Viktors Geschichte. Man kann sich auch an die Nachbarn wenden, die jedoch nur aserbaidschanisch sprechen.

Im Zentrum von Göygöl gibt es eine Art Park mit einem Café und steinernen Tischen, auf denen die ältere Generation Schach spielt. Am Ende dieses kleinen Parks befindet sich die **lutheranische Kirche** von Helenendorf, in der jedoch keine Messen mehr gehalten werden. Stattdessen ist ein kleines Museum darin untergebracht, in dem man mehr über die Familien erfahren kann, die Anfang des 19. Jahrhunderts von Deutschland nach Aserbaidschan übersiedelt sind.

Traditionelle deutsche Architektur in Helenendorf / Göygöl

Seit 2015 kann man nach einer zwanzigjährigen Sperre endlich auch wieder den Göygölsee besuchen. Der idyllische See liegt in einem Naturschutzgebiet, zu dem man 2 Manat Eintritt zahlen muss. Vom **Göygölsee** zum **Maral Göl** sind es etwa sieben Kilometer. Dieser See ist kleiner aber landschaftlich noch schöner. Der Weg dorthin ist in einem schlechten Zustand, weshalb Taxifahrer einen Zuschlag zum normalen Fahrpreis verlangen.

Mingachevir

Mingachevir oder auch Mingachaur ist mit knapp 100.000 Einwohnern die viergrößte Stadt in Aserbaidschan. Sie liegt 275 Kilometer westlich von Baku. Die Gegend ist bereits seit 5000 Jahren besiedelt und hat einige Überbleibsel aus der Zeit der kaukasischen Albanier. In den 1940er Jahren erlebte die Stadt eine Art Wiedergeburt, als viele deutsche Kriegsgefangene hier untergebracht wurden und die Wirtschaft dadurch belebt wurde. Seither ist Mingachevir wieder ein wichtiges **Wirtschaftszentrum** in Aserbaidschan.

Das Zentrum weist einige architektonisch interessante Gebäude auf. Vor allem das **Flussufer der Kura** ist mit einigen Cafés und Restaurants schön gestaltet. Insgesamt ist die Stadt sehr sauber und wirkt freundlich und modern. Zentral gelegen gibt es ein Staatstheater und ein großes Kino.

Auch moderne Bauten zieren die Innenstadt von Mingachevir, unter anderem ein ungewöhnliches **Kriegsdenkmal** und die große moderne Moschee. In der Huseynov Straße befindet sich das **Geschichtsmuseum** der Stadt, in dem es jedoch kaum englische Informationen gibt.

Recht groß und mit einem schönen Park ist das Hotel Kur direkt am Flussufer gelegen. Ein Doppelzimmer kostet hier etwa 50 Euro. Zu empfehlen ist auch das Viersternehotel Agsaray auf der anderen Flussseite, wo die Zimmer etwa 65 Euro kosten.

Unmittelbar außerhalb der Stadt liegt das **Mingachevir Reservoir**, ein Stausee von 605 Quadratkilometern, der das größte Gewässer in Aserbaidschan darstellt. Aufgestaut wurde hier die Kura, um Wasser für die Landwirtschaft zu gewinnen und ein Wasserkraftwerk zu versorgen.

Sehenswürdigkeiten im SÜDEN

Den Süden von Aserbaidschan besuchen meist nur die Touristen, die sich auf den Weg in den Iran machen oder von dort kommen. Aber es gibt hier einiges zu sehen, auch wenn man nicht ins Nachbarland reist. Während der Küstenstreifen des Südens oft als die **Kornkammer Aserbaidschans** bezeichnet wird, ist das Hinterland westlich davon von bewaldeten Bergen und landwirtschaftlichen Dörfern geprägt, in denen vornehmlich Menschen vom Stamm der Thalysh leben.

Lenkoran

Lenkoran ist die größte Stadt im Süden von Aserbaidschan. Es gibt nicht viele wirkliche Sehenswürdigkeiten in Lenkoran, aber die Stadt ist bekannt für ihren Tee, ihre Blumen und **Lavangi**. Das ist ein Gericht aus Fisch oder Hähnchen, das mit einer **Walnusspaste** gefüllt wird. Es wird überall in der Region an kleinen Imbissständen oder auch aus Privathäusern heraus verkauft. Dazu passt am besten Isti Cörek, ein im Tonofen gebackenes Brot. Lenkoran wird von den meisten Besuchern als Tor zu den Talysh Bergen und als Startpunkt für Wanderungen genutzt.

Trotzdem gibt es in der Innenstadt auch etwas zu sehen. Der **Basar** der Stadt ist in einem unattraktiven Beton-Hangar untergebracht, aber seine vielseitigen und bunten Waren machen den lebendigen Markt zu einem schönen Fotomotiv. Die Verkäufer gelten als ausgesprochen freundlich.

Ebenfalls in der Innenstadt steht ein recht stabil wirkender Turm aus Backsteinen, der einst als **Gefängnis für Stalin** gedient hat und daher berühmt ist. Der junge Joseph Stalin war in seinen frühen revolutionären Zeiten hier eingesperrt. Seltsamerweise erinnert jedoch nichts an diesen historischen Fakt. Im Turm, zu dem der Eintritt frei ist, gibt es nur eine unspektakuläre kleine **Kunstausstellung**. Der Turm kann zwischen 10 und 13 Uhr betreten werden. Eine ähnliche Form hat der alte Leuchtturm, der in der Nähe des Bahnhofs steht und noch immer funktioniert, obwohl er nicht an der Küste steht.

Außerdem steht im Stadtzentrum vor dem Bahnhofsgebäude eine Statue, die Hazi Aslanov, einen Kriegshelden aus dem Zweiten Weltkrieg zeigt. Das **Heyder Aliyev Kulturzentrum** beherbergt eine Ausstellung über den Staatshelden Heyder Aliyev mit vielen Fotos. Der Eintritt ist frei und die Ausstellung kann von Montag bis Sonntag zwischen 10 und 13 sowie zwischen 14 und 18 Uhr besucht werden.

Die Umgebung von Lenkoran ist von der Küste geprägt. Nördlich des Bahnhofes liegt der **Fischerstrand**, der zwar mit seinem grauen Sand und mangelnder Sauberkeit nicht unbedingt zum Schwimmen geeignet ist, aber einen guten Eindruck davon vermittelt, wie die Fischer hier leben. Das Touristeninformationszentrum befindet sich an der Mir Mustafaxan Küc. Nicht alle Mitarbeiter sprechen englisch und die Öffnungszeiten sind eher flexibel, aber hier können **Wandertouren** gebucht werden. Unter anderem können auch Kontakte zu Familien hergestellt werden, die eines ihrer privaten Zimmer für Wanderlustige untervermieten.

In Lenkoran gibt es nur wenige Hotels, unter anderem das AB Qala und das Xan Lenkoran, wo man für etwa 20-25 Euro pro Nacht praktisch ausgestattete Zimmer mieten kann. Die Lobby ist jeweils schöner ausgestattet als die Wohnräume.

Talysh Berge / Lerik

Die Talysh Berge sind weniger hoch und weniger spektakulär aus der Kaukasus, aber sie sind eine wundervolle und naturbelassene Umgebung zum Wandern. Zwischen **Mischwäldern**, **Bergtälern** und Schafweiden liegt das Dorf Lerik etwa 50 Kilometer von Lenkoran entfernt, wo üblicherweise die Wandertouren starten. Viele aserbaidschanische Touristen verbringen in den Hotels und Bergresorts ihre Wochenenden oder auch Ferien, ohne dabei viel zu wandern. Während es hier im Frühling meist neblig ist, sind die Sommer angenehm kühl. Auch im Herbst kann man noch wandern. Aber die Winter werden in den **Talysh Bergen** frostig kalt. Beim Wandern sollte man sicher gehen, dass man sich nicht zu sehr der iranischen Grenze nähert, denn dort gibt es noch einige Sperrgebiete.

Empfehlenswert ist die Wanderroute von **Masalli** über **Yardimli** nach **Arvana**. Auf diesem Weg kommt man nach etwa 13 Kilometern an einer heißen Quelle vorbei, sowie an einem Wasserfall nach etwa 27 Kilometern. Übernachten kann man auf dieser Route in Yardimli, wo es ein kleines Hotel gibt. Hier wie auch in dem Dorf Sim, wo es einen weiteren eindrucksvollen Wasserfall und sogar noch einige **Ruinen aus dem 7. Jahrhundert** gibt, kommen ausländische Touristen so gut wie nie vorbei. Das könnte sich jedoch bald ändern, weil die Arbeiten an einer breiteren Straße in diese Gegend bereits 2015 begonnen haben.

In **Lerik** selbst gibt es außer ein paar Aussichtspunkten keine wirklichen Sehenswürdigkeiten. Das Dorf hat jedoch ein kleines Museum, in dem es um das **Volk der Talysh** und besonders darum geht, dass in dieser Volksgruppe ungewöhnlich viele Hundertjährige zu finden sind. Unter ihnen war auch **Shirali Muslimov**, der 1973 starb und zwar mit angeblich 168 Jahren, was ihn weltbekannt machte.

In den Bergen zwischen Lenkoran und Lerik gibt es neben den verschiedenen Homestay-Angeboten und ein paar kleinen Gästehäusern in Lerik selbst auch Hotels. Günstig ist zum Beispiel das Tabassüm Resort, wo kleine Bungalows für etwa 20-30 Euro pro Nacht vermietet werden können. Das Restaurant serviert landestypische Gerichte und verfügt sogar über WLAN. Mit um die 50 Euro pro Hütte (günstiger von Oktober bis Mai) ist das Canub Resort etwas teurer. Die Hütten aus Kiefernholz haben zum Teil einen Blick auf einen kleinen Fluss. Das Restaurant hat überraschenderweise eine englische Speisekarte.

Masalli

Masalli liegt etwa 250 Kilometer südlich von Baku und 30 Kilometer von der Küste entfernt. **Masalli** ist eine kleine landwirtschaftlich geprägte Stadt, in der es auch etwas Industrie gibt. Das Stadtzentrum liegt an einem kleinen **Flusslauf**. Neben einigen eher unscheinbaren Gebäuden steht hier der im sowjetischen Stil erbaute **Kulturpalast** mit einer Statue von Dichter Nizami Ganjavi davor. Das einzige Gebäude, das als Sehenswürdigkeit betrachtet wird, ist der sogenannte **Teeturm**.

In der Umgebung gibt es den **Shalala Wasserfall**, der sich an der Straße Richtung Yardimli befindet und im Westen der Stadt liegen dichte Wälder mit kleinen Seen und einigen Wanderwegen sowie Picknickplätzen. Diese Gegend ist eher bei aserbaidschanischen Besuchern beliebt und außerhalb des Landes wenig bekannt. Im knapp 25 Kilometer westlich gelegenen **Istisu** gibt es **Thermalquellen**, die landesweit für ihre positive Wirkung auf die Gesundheit bekannt sind. Das stark jodhaltige Wasser soll förderlich bei Nieren- und Lebererkrankungen, Hautproblemen, Rheuma und sogar Unfruchtbarkeit sein. Der Platz, wo man in dem Heilwasser baden kann, verfügt außerdem über eine kleine **Hängebrücke**.

In Masalli gibt es nur sehr einfach ausgestattete Hotels, aber westlich der Stadt in Yardimli oder auch bei Istisu gibt es einige gute Hotels, unter anderem das recht luxuriöse Dashtvent Resort 5 Kilometer vom Zentrum von Masalli entfernt.

Shirwan (Sirvan)

Die Stadt Shirwan liegt etwa 130 Kilometer süd-westlich von Baku **an der Kura** und ist über eine gute Schnellstraße in etwas mehr als eineinhalb Stunden erreichbar. Sie ist die Hauptstadt der Region Shirwan.

Von 1938 bis 1991 hieß Shirwan zu Ehren eines kommunistischen Revolutionshelden Ali-Bairamly. Seit 1941 wird in Shirwan Erdöl geför-dert. Die Siedlung wuchs dadurch an und erhielt 1954 Stadtrechte. Hier entstand in den späten 50er Jahren das erste Wärmekraftwerk der Sowjet-union, das mit Erdöl betrieben wurde. Heute hat Shirwan fast 80.000 Einwohner und ist noch im-mer eine **wichtige Industriestadt**.

Zu den wichtigsten touristischen Attraktionen Shirwans gehört der **Shirwan Nationalpark**, der etwa 40 Kilometer südlich der Stadt liegt. Die Landschaft ist eher flach und wenig abwechs-lungsreich, aber eine Besonderheit des National-parks sind die hier lebenden letzten wilden kauka-sischen **Ceyran Antilopen** sowie andere Säuge-tiere. Die Antilopen sieht man im Park auf den Wiesen und Ebenen grasen. Es gibt außerdem ver-schiedene Froscharten, Wasserschlangen, Bus-sarde, Falken und Adler im Park. Auch Wölfe, Schakale, Dachse und Wildschweine werden re-gelmäßig gesichtet.

Man braucht jedoch ein Fahrzeug mit **Vierradan-trieb**, welches man bei der Parkleitung mitsamt

Fahrer mieten kann. Am einfachsten und sichersten (die Rezeption des Parks ist nicht immer besetzt und nicht telefonisch zu erreichen) ist es, in Lenkoran oder in Shirwan einen Fahrer oder eine Tour zu buchen.

Gizil Agach Naturreservat

Zu Beginn des 20. Jahrhunderts wollten russische Wissenschaftler dieses Schutzgebiet zu einem Nationalpark machen. Ihre Pläne wurden jedoch in den Wirren des Ersten Weltkriegs schließlich verworfen. So wurde das Gebiet von 88.400 Hektar als Naturreservat unter Schutz gestellt, hauptsächlich, um die **Zugvögel aus Kasachstan und Sibirien**, die hier überwintern und brüten, zu bewahren. Viele der **270 Vogelarten**, die im Gizil Agach Naturschutzgebiet zu finden sind, stehen auf der roten Liste der geschützten Arten.

Die Vögel werden hier jedoch nicht nur geschützt, sondern im Herbst auch gejagt. Mehrere der Zugvögel und Wasservogelarten sind beliebte Speisevögel in der Region.

Um das Schutzgebiet zu erkunden und die verschiedenen Vogelarten zu beobachten ist es am besten, mit einem Boot zu fahren, denn fast drei Viertel des Naturschutzgebietes stehen unter Wasser. Kleine Motorboote werden für Touren bereitgestellt. Informationen gibt es bei der Touristeninformation in Masalli.

Salyan (Saliani)

Salyan liegt an der Kura, hat etwas mehr als 35.000 Einwohner und ist für seine **Kaviarproduktion** bekannt. Das Stadtzentrum liegt zwischen zwei entgegengesetzten Mäandern der Kura und ist eher gemütlich und ruhig. Es gibt ein **historisches Museum** in der Kurchayil Straße und einige Cafés am Flussufer sowie ein paar Restaurants, die landestypische Gerichte servieren, aber wo kaum jemand ein Wort englisch geschweige denn deutsch spricht. Etwa fünf Kilometer vom Zentrum entfernt gibt es ein kleines Gebiet mit mehreren **Schlammvulkanen**. Es nennt sich **Baba Zanan**.

Schlammvulkan in Aserbaidschan

Viele Einheimische kommen hierher für Hautbehandlungen und Bäder im Schlamm. Es gibt auch ein kleines Hotel unmittelbar in der Nähe der Schlammlöcher. An der Straße von und nach Salyan sieht man immer wieder **Kamelherden**, die beliebte Fotomotive darstellen. Es handelt sich um Trampeltiere, die von ihren Besitzern der Wolle wegen gehalten werden.

Etwa 15 Kilometer nördlich der Stadt befindet sich ein riesiges Kriegsdenkmal nahe der Ortschaft **Duyamaliev Kolkhoz**.

In der Umgebung liegen mehrere prähistorische **Ausgrabungsstätten**, die nur wenig bekannt sind. Interessant für Geschichtsfreunde sind die Nekropole von Marmili, die **Nekropole von Gursanga** und die **Ruinen Manmadubad und Nohudlu**.

Astara

Obwohl Astara mit einigen schönen Stränden für einen **Badeurlaub** geeignet wäre, kommen die meisten Besucher nur auf dem Weg in den Iran hier vorbei. Von Astara aus fährt ein Nachtzug nach Baku. In den Iran gelangt man hingegen einfach zu Fuß. Vom zentralen Platz aus, wo es einen Geldautomaten und auch ein kleines sehr einfaches Hotel gibt, sind es nur wenige Gehminuten bis zum **Grenzübergang**.

Wer sich hierher verirrt, sollte einen kurzen Abstecher zur **Yanar Bulag**, der **brennenden Quelle** machen. Ein Taxi dorthin kostet um die 5 Euro. Die Einheimischen kennen die Quelle. Man sollte ein Feuerzeug oder Streichhölzer mitbringen, um das Quellwasser brennen zu sehen.

NACHITSCHEWAN und BERGKARABACH

Nachitschewan

Wer sich nach Nachitschewan begeben will, der muss dies im Voraus planen, denn die Einreise in diese **Enklave** ist nur mit dem **Flugzeug von Baku** aus oder mit einem Bus möglich, der von Aserbaidschan in den **Iran** und von dort aus weiter nach Nachitschewan fährt. Es sind also verschiedene Visa nötig, entweder ein Visum zur zweifachen Einreise nach Aserbaidschan oder zusätzlich noch ein Visum für den Iran. Es ist aber dennoch möglich, diese vom Tourismus vollkommen unberührte Region zu besuchen.

In Nachitschewan gibt es **Wüstenlandschaften**, viele **Melonenfelder** und **Berge**. Neben einer Vielzahl von Bauerndörfern kann man auch Nachitschewan Stadt besuchen. Diese kleine Verwaltungshauptstadt der Region hat ein paar kostenlose

Museen, recht saubere Straßen und einige wenige moderne Verwaltungsbauten zu bieten, sowie den **Mömina Xatum Turm**, ein Grabmonument aus dem späten 12. Jahrhundert. Hinter dem Grabturm, der mit blauen Fliesen verziert ist, steht der ehemalige Königspalast aus dem 18. Jahrhundert. Zu sehen gibt es außerdem eine **Festungsanlage**, die kürzlich so vollständig restauriert wurde, dass von der alten Struktur überhaupt nichts mehr übriggeblieben ist. Zu den wohl auffälligsten Attraktionen in Nachitschewan Stadt gehört sicherlich das **Grab von Noah**. Er soll hier auf einem markanten Felsen mit seiner Arche gestrandet sein, nachdem die Sintflut vorüber war. Ein Schild weist darauf hin, dass es sich um ein Grab aus dem 7. Jahrtausend vor Christus handelt, obwohl das Grab erwiesenermaßen im Jahr 2013 errichtet wurde. Viele Armenier glauben aber daran, dass Noah genau hier gestrandet ist und dass das Volk der Armenier direkt von ihm und seiner biblischen Familie abstammt. Armenier gibt es jedoch in Nachitschewan kaum noch. Sie wurden im Zuge des **Bergkarabachkrieges** und der Feindseligkeiten zwischen beiden Ländern vertrieben.

Außer der kleinen Hauptstadt ist in Nachitschewan die Ortschaft Qarabaglar mit etwa 5000 Einwohnern. Früher gab es hier 70 Moschee und 40 Minarette, aber es sind vom ehemaligen kulturellen und **kultischen Zentrum nur noch Ruinen** erhalten. Besichtigt werden können auch die Überreste des Mausoleums von Dschahan Kudi Chatun. Zudem gibt es hier eine Salzmine aus sowjetischer Zeit, die in ein Spa umgewandelt wurde. Die salzhaltige Luft soll gut für Asthmatiker sein.

Bergkarabach

Bergkarabach oder **Nagorno Karabach** ist die **armenische Enklave**, die von Aserbaidschan umschlossen ist und sich nach den Wirren der Sowjetunion und den brutalen kriegerischen Auseinandersetzungen zwischen Armenien und Aserbaidschan von 1990 bis 1994 für unabhängig erklärt hat. Aserbaidschan beansprucht das Land für sich, während auf dem Gebiet fast **ausschließlich Armenier** leben. Schon der Name der Enklave spiegelt seine kulturellen und politischen Wirren wider. Nagorno ist russisch für Bergland, Kara ist türkisch für Schwarz und Bakh oder Bach ist persisch für Garten. Als wenn das noch nicht verwirrend genug wäre, nennen die Bewohner von Bergkarabach ihr Land **Artsakh**.

Der Krieg hat viele Traumata hinterlassen und die Tatsache, dass der **politische Status** des Landes noch lange **nicht geklärt** ist, macht die Lage nicht leichter. Trotzdem muss gesagt werden, dass die Landschaft wunderschön ist.

Es ist nicht ganz einfach, nach Bergkarabach zu reisen und wer einmal dort war, erhält anschließend kein Einreisevisum mehr für Aserbaidschan. Wer also sowohl Aserbaidschan als auch Bergkarabach besuchen möchte, muss sich zuerst nach Aserbaidschan und dann in diese **abgelegene Bergregion** begeben. Die Menschen sind gastfreundlich (gegenüber allen, die nicht Aserbaidschaner sind) und in den letzten Jahren wurde die Infrastruktur deutlich verbessert. Es gibt mittlerweile auch einige gute **Wanderpfade** und ein paar Hotels, die einen angenehmen Standard bieten.

Die beste Zeit fürs Wandern sind Sommer und Frühherbst, von Juni bis September.

In Bergkarabach wird armenisch gesprochen und die Währung ist der **Armenische Dram** (AMD). Ein Visum für die Einreise muss von allen Besuchern für 3000 AMD gekauft werden. Dies ist in Stepanakert beim Außenministerium möglich. Es besteht die Möglichkeit, das Visum nicht in den Pass sondern auf ein gesondertes Blatt zu stem-

peln, so dass auch nach dem Besuch in Bergkarabach noch die **Einreise nach Aserbaidschan**
möglich ist.

Stepanakert

Die Hauptstadt von Bergkarabach ist Stepanakert.
Trotz aller Widrigkeiten ist Stepanakert eine le-
bendige Stadt, die sich an einem recht steilen Hang
über dem **Karkar Fluss** erhebt. In den Straßen
sieht man noch viele Bauten aus der Sowjetzeit
aber auch eine Menge Modernes, das in den letzten
Jahren entstanden ist. Man findet aber auch die typische **kaukasische Bauweise**, vor allem an
Wohngebäuden. Im Grunde wirkt Stepanakert wie
eine normale **armenische Kleinstadt**. Sie hat in
Bergkarabach mit Abstand die beste Infrastruktur
und ist daher bestens geeignet, um Ausflüge in die
Region zu planen und zu unternehmen.
Im Zentrum gibt es das Muse**um für die gefalle-
nen Soldaten**, welches die traurige Geschichte der
Region zum Thema hat. Es ist Montag bis Samstag
zwischen 9 und 18 Uhr geöffnet und kostenlos. An
den Wänden hängen tausende Fotos von gefalle-
nen Soldaten aus dem brutalen Krieg von 1990 bis
1994. Zudem werden einige Originalwaffen ausgestellt, die in der Auseinandersetzung benutzt
wurden. Das Museum ist weniger ein Ort der ob-
jektiven Berichterstattung als vielmehr ein **Mahn-
mal**. Der Eingang ist nicht ganz leicht zu finden,

weil es kein Hinweisschild gibt. Aber alle Bewohner der Stadt kennen das Museum und können interessierten Touristen den Eingang zeigen.

Ebenfalls kostenlos ist der Eintritt zum **Artsakh Staatsmuseum**, das von Montag bis Freitag zwischen 9 und 17 Uhr geöffnet ist. Es gibt eine englischsprachige Führung durch das recht nüchtern gestaltete Museum. Während im oberen Stockwerk der Fokus auf der Geschichte des 20. Jahrhunderts liegt, gibt es im unteren Geschoss eine Reihe von ausgestopften Tieren und eine ethnologische Sammlung.

Eines der für die Bewohner Stepanakerts wichtigsten **Monumente** ist eine Statue, die einen älteren Mann mit Bart und eine Frau mit einem Schleier zeigt. Sie steht etwas außerhalb des Zentrums an der Hauptstraße, die Richtung Norden führt. Der Name des Monuments lautet „Wir sind unsere Berge" und es soll zum Ausdruck bringen, dass Bergkarabach unbezwingbar ist.

Das wichtigste Festival in Bergkarabach wird am 9. Mai gefeiert. Es erinnert an die **Befreiung von Shushi** und an die Gründung der Armee. An diesem Tag werden **Militärparaden, Feuerwerk** und Konzerte veranstaltet. Für die Bewohner von Bergkarabach ist der Unabhängigkeitskampf noch nicht beendet, denn international ist das Gebiet **nicht als unabhängiger Staat anerkannt**. Es gehört im Verständnis der allermeisten internationalen Organisationen und Staaten noch immer offiziell zu Aserbaidschan. In den Grenzgebieten kommt es immer wieder zu Schießereien, auch wenn die **Waffenruhe von 2016 weitestgehend eingehalten** wird.

Kulinarisch gesehen ist Stepanakert nicht herausragend ausgestattet. Man findet jedoch einige gute traditionelle Restaurants. Auf dem Markt gibt es Obst, Käse, Honig und Brot aus der Region.

Neben einigen privaten Unterkünften wie dem Karina Guesthouse (3 Zimmer für 10.000 AMD) oder dem Ella und Hamlet Guesthouse (5 Zimmer für je 5000 AMD) gibt es in Stepanakert auch gute und günstige Hotels. Das Park Hotel Artsakh ist ein umgebautes Krankenhaus, das Zimmer mit Frühstück für 24.000 AMD (Einzelzimmer) bis 36.000 AMD (Doppelzimmer) anbietet. Das Vallex Garden Hotel ist wohl das beste der Stadt. Zimmer in dem eleganten Herrenhaus kosten zwischen 30.000 und 80.000 AMD und die Mitarbeiter sprechen englisch. Direkt am Hauptplatz im Zentrum liegt das Armenia Hotel, das etwas einfacher ist, aber die beste Lage hat. Zimmer kosten hier um die 30-35.000 AMD.

10.000 AMD entsprechen etwa 17-18 Euro.

Shushi

Shushi oder Shusha, wie es die Aserbaidschaner nennen, liegt etwa 10 Kilometer von Stepanakert entfernt auf einem **Hochplateau**. Im 19. Jahrhundert war Shushi eine der größten und kulturell bedeutendsten Städte im Kaukasus, wo sowohl armenische als auch aserbaidschanische Kultur einst nebeneinander friedlich existierten. Der Krieg hat der Stadt stark zugesetzt und viele Bewohner haben sie verlassen. In den vergangenen Jahren hat sich das Städtchen langsam erholt. Es gibt ein paar einfache Bed & Breakfast Unterkünfte für diejenigen, die das **ländlichere Bergkarabach** erleben wollen. Neben dem Hovik Gasparyan B&B und dem Saro's B&B gibt es in Shushi das Shushi Grand Hotel und das Avan Shushi Plaza Hotel, die beide für 20-25.000 AMD Doppelzimmer mit Frühstück anbieten.

Sehenswert ist die Festung von Shushi, die Mitte des 18. Jahrhunderts von Panah Khan erbaut wurde. Die alte Festung spielte im Bergkarabachkrieg eine entscheidende Rolle, als von hier aus Raketen auf die umliegenden Dörfer gefeuert wurden. In der Nacht vom 8. auf den 9. Mai 1992 war sie **Schauplatz des Wendepunktes** im Bergkarabachkrieg, weshalb heute der 9. Mai als eine Art Nationalfeiertag begangen wird. Der Eintritt zur Festung ist heute frei und man kann auf den alten Mauern spazieren gehen und die Aussicht genießen.

Eine weitere Attraktion ist das **historische Museum**, das in einem schönen alten Herrenhaus untergebracht ist. Der Eintritt ist frei. Die Sammlung enthält Artefakte aus der Region und es gibt sogar englische Erklärungen dazu. Das Museum ist von

Montag bis Samstag zwischen 9 und 17 Uhr geöffnet. Ebenfalls kostenlos ist der Eintritt ins **Teppichmuseum**, das Montag bis Samstag von 10 bis 16 Uhr zugänglich ist.

Aus dem 19. Jahrhundert stammt die **Ghazanchetsots Kathedrale,** die 1920 von den sowjetischen Besatzern zu einem Warenlager umfunktioniert wurde. Die aserbaidschanischen Truppen bewahrten im Bergkarabachkrieg ihre Munition hier auf. Erst 1998 wurde die Kirche wieder zu einem Gotteshaus geweiht. Eindrucksvoll ist das Echo in der Krypta unterhalb des eigentlichen Kirchengebäudes.

Praktische Tipps

<u>Anreise</u>

Die Anreise nach Aserbaidschan erfolgt wohl am einfachsten über den **internationalen Flughafen** Heyder Aliyev in Baku. Es ist der größte Flughafen des Landes und wird von vielen europäischen Städten aus angeflogen, unter anderem auch direkt von Frankfurt und Berlin aus mit Lufthansa. Oft sind die Flüge mit zum Beispiel Turkish Airlines mit Stopover in Istanbul etwas günstiger. Es bestehen zudem recht guter Verbindungen mit Flugzeugwechsel in Wien (Austrian Airlines), in Moskau (Aeroflot) und in Kiew (Ukrainian Airlines).

Die Flugzeit beträgt von Deutschland aus etwa viereinhalb bis fünf Stunden bei einem Direktflug und entsprechend länger mit Umsteigen.

Der Flughafen Heyder Aliyev ist etwa 30 Kilometer vom Stadtzentrum entfernt und die Fahrt dauert mit dem Taxi oder dem Bus zwischen 30 und 40 Minuten je nach Verbindung und Tageszeit.

Die Anreise mit dem **Zug ist von Moskau** und von **Tiflis** aus möglich.

Die Einreise ist zudem **per Schiff** möglich. Fähren auf dem kaspischen Meer verbinden Baku mit Krasnowodsk in Turkmenistan sowie mit Bandar Anzali und Bandar Nowshar im Iran. Die Einreise **von Armenien aus ist nicht möglich**.

<u>Visum</u>

Deutsche, Schweizer und Österreicher benötigen für die Einreise nach Aserbaidschan einen gültigen Reisepass, der noch mindestens drei Monate nach dem Datum der Ausreise gültig ist. Die Einreise mit einem vorläufigen Reisepass ist generell möglich. Kinder benötigen einen eigenen Reisepass.

Für die Einreise wird zudem ein Visum verlangt, das vor Antritt der Reise beantragt werden muss. Es kann entweder bei der zuständigen **Botschaft** zum Beispiel in Berlin oder Wien und mittlerweile auch online beantragt werden. Die Online-Beantragung erfolgt innerhalb von maximal drei Tagen. Das **Visa-Portal** von Aserbaidschan ist unter www.aserbaijanonlinevisa.com erreichbar. Die Anträge können nur in englischer Sprache ausgefüllt werden. Man erhält normalerweise innerhalb weniger Minuten schon eine Bestätigungsemail und dann innerhalb von drei Tagen eine weitere Nachricht mit dem **eigentlichen Visum**. Der Anhang dieser **Email muss ausgedruckt** und mit zum Flughafen genommen werden. Das Online-Visum kostet 24 US-Dollar und kann nur mit einer Kreditkarte bezahlt werden.

Wer in seinem Reisepass ein **Visum aus Armenien** hat, muss bei der Einreise mit Wartezeiten und längeren Befragungen rechnen. Die Einreise wird nur in Einzelfällen verweigert. In der Regel wird nur ausführlich geprüft, ob wirklich touristische Interessen vorliegen.

Ist man bereits einmal in die unabhängige Region **Bergkarabach** gereist, wird das Visum für Aserbaidschan **verweigert**.

Beim Visaantrag muss angegeben werden, wie viele Tage man in Aserbaidschan verbringen möchte. Wenn die Reisedauer länger als 10 tage beträgt, ist eine **Registrierung** direkt nach der Einreise **bei der Einwanderungsbehörde** nötig. In der Regel übernehmen die Hotels oder Reiseagenturen diese Registrierung.

Aber wer auf eigene Faust in Aserbaidschan unterwegs ist, sollte diese Regelung beachten und beim Hotel erfragen, ob die **Registrierung über das Hotel** stattfinden kann. Ist dies nicht möglich, besteht die Möglichkeit, sich online registrieren zu lassen. (www.migration.gov.az)

Die Ausreise aus Aserbaidschan nach Armenien oder umgekehrt ist auf direktem Wege nicht möglich. Es ist keiner der Grenzübergänge für Touristen geöffnet. Dasselbe gilt für Russland und Aserbaidschan. Die Weiterreise in den Iran ist bei Astara möglich und auch die Einreise nach Georgien stellt kein Problem dar.

Impfungen

Es gibt **keine vorgeschriebenen Impfungen** für die Einreise nach Aserbaidschan. Es wird jedoch empfohlen, den **Standardimpfschutz** zu prüfen, bevor man sich auf die Reise begibt. Die führenden Institute raten zu einem Schutz vor Diphtherie, Tetanus, Hepatitis A und Influenza sowie bei längeren Aufenthalten auch vor Hepatitis B und Polio.

Im äußersten Süden des Landes an der Grenze zum Iran besteht ein minimales Malariarisiko in den Monaten von Juni bis Oktober. Eine Prophylaxe wird jedoch nicht empfohlen, weil das Risiko sehr gering ist.

Ärztliche Versorgung

In Baku gibt es gut **qualifizierte Ärzte**, die englisch sprechen. Empfehlenswert für Ausländer sind die SOS Clinik in Baku in der Yusif Safarov Straße oder das Central Clinical Hospital in Baku in der Parliament Avenue. Ein englisch sprechender **Zahnarzt** kann bei Dentacare in Baku in der Mamadaliyev Straße gefunden werden.

Überall sonst im Land ist es schwerer, gute Mediziner zu finden.

Apotheken sind in Baku recht gut sortiert, außerhalb der Hauptstadt oft kleiner und mit einem weniger umfangreichen Sortiment versehen. Man erkennt sie an der Aufschrift „**Aptek**" und sie sind in Baku teils 24 Stunden am Tag geöffnet.

Alle Medikamente und Behandlungen müssen vor Ort selbst bezahlt werden. Erst nach der Rückreise kann man dann mit seiner Reisekrankenversicherung klären, inwieweit die Kosten übernommen werden.

Die Notrufnummern in Aserbaidschan lauten: Polizei: 102, Feuerwehr: 101 und Krankenwagen: 103.

Verhaltensregeln und Umgangsformen

In Aserbaidschan begrüßen sich die Menschen sehr herzlich. Es wird mehr auf **Körperkontakt** geachtet als es in Westeuropa üblich ist, vor allem zwischen Männern. Sie begrüßen sich mit einem Handschlag und Küssen auf die Wangen sowie dem Wort „**Salaam**", was Frieden bedeutet. Frauen begrüßen sich mit einer **Umarmung** und **Wangenküssen**. Frauen und Männer begrüßen sich in der Regel nicht mit Handschlag. Das hat seine Tradition darin, dass muslimische Frauen fremde Männer nicht berühren dürfen. Als Touristin in Aserbaidschan kann man jedoch auch die Hände von Männern schütteln, was nicht als unangebracht betrachtet wird.

Eine traditionelle Begrüßung läuft so ab, dass sich beide Gesprächspartner nach ihrer jeweiligen Gesundheit, Familie und anderen Neuigkeiten befragen. Das gehört zum guten Ton. Menschen gleichen Alters sprechen sich in der Regel mit dem Vornamen an. Respektspersonen wie Lehrer, Beamte oder ältere Menschen spricht man mit „**Bey**"

(Herr) oder „**Hanum**" (Frau) und dem Nachnamen an.

Wer eingeladen wird zu einem Abendessen, der bringt in der Regel ein **kleines Geschenk** mit. Es gilt als besonders aufmerksam, wenn das Geschenk einen Bezug zur beschenkten Person hat. Blumen oder Süßigkeiten sind aber auch immer willkommen. Vorsicht bei Blumen: immer eine **ungerade Anzahl von Blumen** wählen! Eine gerade Anzahl von Blumen wird nur bei Beerdigungen verwendet. Alkohol ist nur dann als Geschenk geeignet, wenn man sicher ist, dass der Beschenkte nicht aus religiösen Gründen Alkohol ablehnt.

Man darf sich nicht wundern, wenn das Geschenk zunächst ein oder zweimal abgelehnt wird. Das gehört auch zu den traditionellen Umgangsformen.

Der Dresscode in Aserbaidschan ist eher leger. Nur wer eine **Moschee** besucht, muss **Knie und Schultern** sowie bei Frauen auch das **Haar bedecken**.

Zu Tisch geht es in Aserbaidschan eher vornehm zu und die **Tischetikette** hat noch immer einen hohen Stellenwert. Die Ellenbogen sollten unter der Tischplatte bleiben, während die Hände darauf ruhen. Man setzt sich erst, wenn man vom Hausherrn dazu aufgefordert wird. Wie in den meisten muslimischen Ländern sollte man zu Tisch nur mit der **rechten Hand die Nahrung** berühren.

Beim Betreten von Privathäusern sollte man immer die Schuhe ausziehen. In Aserbaidschan ist eine 15 bis 30-minütige Verspätung durchaus akzeptabel.

Vorsichtsmaßnahmen

Von Reisen in die Region Bergkarabach (oder Nagorno-Karabach) wird generell abgeraten. Ohnehin ist dies mit dem erteilten Touristenvisum nicht möglich, da das Gebiet von Armenien verwaltet wird. Wer einmal von Armenien aus nach Bergkarabach eingereist ist, erhält anschließend auch kein Touristenvisum für Aserbaidschan mehr. Auch die Dörfer, die unmittelbar an der **Grenze zu Bergkarabach** liegen, werden von den meisten Touranbietern gemieden. Das liegt nicht nur an der Nähe zu Bergkarabach sondern auch daran, dass es hier noch teilweise **Minenfelder** gibt und dass es immer wieder vorkommen kann, dass Schüsse fallen. Ähnliches gilt für Nachitschewan.

Im restlichen Aserbaidschan ist die Sicherheitslage außerordentlich gut. Die **Kriminalitätsrate ist sehr niedrig**. Trotzdem gilt wie überall auf der Welt Vorsicht vor Taschendieben vor allem an stark besuchten Orten. Wertsachen kann man im Hotel in den Safe legen oder am besten einfach zu Hause lassen.

Von Touristen wird verlangt, dass sie sich jederzeit ausweisen können. Man sollte also immer den Reisepass oder zumindest eine Kopie davon bei sich haben.

Die hygienischen Verhältnisse in Aserbaidschan sind nicht überall so wie in Europa. Auch wenn Baku sehr modern ist, gibt es in vielen kleineren Ortschaften und abgelegenen Gegenden nicht den besten Standard. Daher sollten Touristen das **Leitungswasser nicht trinken**. Vor allem im Sommer ist die Gefahr, mit Keimen in Berührung zu kommen, nicht zu unterschätzen. Heiße Getränke sind unbedenklich, während bei kühlen Getränken das Risiko in den **Eiswürfeln** liegt. Diese werden fast überall aus Leitungswasser gemacht und sind daher besser zu meiden. Bei sommerlichen Temperaturen sollte man auf Mahlzeiten von Straßenhändlern verzichten, vor allem wenn sie Mayonnaise enthalten oder roh sind.

Transport

In **Baku** gibt es ein recht gutes **Metrosystem**, das jedoch aktuell das einzige im Land ist. Viele Menschen nehmen auch gerne das Taxi, welches im Vergleich zu Mitteleuropa eher günstig ist.

Zugverbindungen gibt es in Aserbaidschan zwischen den meisten größeren Siedlungen. Es besteht auch die Möglichkeit, den Zug bis nach Tiflis und nach Moskau zu nehmen.

Die meisten Touristen bewegen sich im Land mit einem Bus oder einer Limousine mit Fahrer, was von vielen Agenturen angeboten wird.

Die Straßen in Aserbaidschan sind vergleichsweise gut. Es gibt mehrere **Autobahnen** zwischen den größeren Städten. Wer sich in ländliche Regionen begibt, muss mit längeren Fahrtzeiten rechnen, weil die Wege durch viele Dörfer führen.

Der größte Flughafen des Landes ist der **internationale Flughafen von Baku**. Hier landen die allermeisten internationalen Flugzeuge. Es gibt zwar auch kleine Flughäfen in Ganja, Zaqatala und Lenkoran, aber für Touristen sind die inländischen Flugverbindungen weniger attraktiv.

Unterkünfte

In Baku ist die Auswahl an Hotels in eigentlich **allen Preisklassen** recht groß. Hier eine Unterkunft zu finden ist über die herkömmlichen Buchungsmaschinen online kein Problem. In **Sheki, Ganja** und anderen Städten sind ebenfalls Hotels mit drei oder vier Sternen sowie günstigere Unterkünfte online auffindbar. Hostels wie es sie in den meisten europäischen Städten und in Amerika überall gibt, hat Aserbaidschan nicht zu bieten. **AirBNB** ist **kaum verbreitet** in Aserbaidschan.

Manchmal muss man in kleineren Hotels das Badezimmer mit anderen Gästen teilen.

Wer ein Zimmer in einem Haus mit drei oder vier Sternen bucht, findet in der Regel einen angenehmen Standard vor. Generell sind die Hotels in Baku um etwa 30% teurer als im Rest des Landes. Im Norden von Aserbaidschan gibt es auch Campingmöglichkeiten in den entlegenen Gebieten der Nationalparks und Naturschutzgebiete.

Kommunikation und Internet

Die internationale Vorwahl für Aserbaidschan ist +994 oder 00 994.

Um nach Deutschland zu telefonieren muss die +49 oder 0049 vorgewählt werden. Um nach Österreich anzurufen lautet die Vorwahl +43 oder 0043 und für die Schweiz +41 oder 0041.

Handyempfang ist in den meisten Gebieten Aserbaidschans verfügbar. Es gibt **Roamingverträge** mit über 300 verschiedenen Anbietern auf der ganzen Welt. Ob ein solcher besteht, erfährt man beim eigenen Anbieter auf Anfrage. Die größten Anbieter von **Prepaid-Karten** sind Azercell und Bakcell. Karten kann man in Baku und in kleineren Städten in Supermärkten und an Kiosken kaufen.

In vielen Hotels und einigen größeren Restaurants, vor allem in Baku, gibt es **WLAN-Verbindungen**, die aber nicht immer optimale Geschwindigkeiten bieten.

Elektrizität

In Aserbaidschan beträgt die Stromspannung 220 Volt. Die Steckdosen haben 2 Kontakte und sehen so aus wie in Mitteleuropa. Ein **Adapter** ist also **nicht notwendig**.

Gesetzliche Feiertage

1. und 2. Januar: **Neujahr**, Yeni il
8. März: Internationaler Frauentag, Qadınlar günü
20./21. oder 21./22. März: Nouruz, Novruz bayramı
9. Mai: **Tag des Sieges**, Faşizm üzərində qələbə günü (gefeiert wird das Ende des 2. Weltkrieges im Mai 1945)
28. Mai: **Tag der Republik**, Respublika günü (Erinnerung an den 28. Mai 1918 – siehe Geschichte Aserbaidschans)
15. Juni: **Tag der nationalen Rettung**, Azərbaycan xalqının Milli Qurtuluş günü (Erinnerung an die Wahl von Heydər Əliyev zum Vorsitzenden des Obersten Sowjets in Aserbaidschans im Jahr 1993)
26. Juni: **Tag der Streitkräfte**, Azərbaycan Respublikasının Silahlı Qüvvələri günü
18. Oktober: Tag der Unabhängigkeit, Dövlət müstəqilliyi günü
12. November: **Tag der Verfassung**, Konstitusiya günü

17. November: **Tag der nationalen Auferste-hung**, Milli Dirçəliş günü (Erinnerung an Studentenproteste gegen Russlands Politik in 1988)
31. Dezember: **Tag der Solidarität** der Aserbaidschaner in aller Welt, Dünya azərbaycanlıların həmrəyliyi günü (Erinnerung an die Üverwindung der Grenze zum Iran im Jahr 1989)

Bewegliche Feiertage (veränderlich mit dem Mondkalender) sind zudem das zweitägige islamische Opferfest, Qurban bayramı und das zweitägige islamische Fest am Ende des Ramadan, Ramazan bayramı.

Zeitzone

Aserbaidschan befindet sich in der **GMT+4** Zeitzone, also drei Stunden vor Mitteleuropa. Die Umstellung auf Sommerzeit erfolgt genau wie auch in Mitteleuropa, so dass die Zeitverschiebung von drei Stunden im Sommer wie auch im Winter gilt.

Beste Reisezeit

Als die beste Reisezeit für Aserbaidschan werden normalerweise **April bis Juni und September und Oktober** angegeben.

Im Frühling ist es noch nicht zu warm. Die Sonne scheint häufig und die Wiesen und Wälder sind besonders grün. In diesen Monaten ist es im Großteil des Landes warm und trocken, aber nicht so heiß wie im Juli und August. In diesen beiden Sommermonaten kann es in den Ebenen und an der Küste mit Temperaturen zwischen 35 bis 40°C unerträglich heiß und schwül werden.

In den **Sommermonaten** ist hingegen die ideale Zeit, um die **höher liegenden** und **kühleren Regionen** zu besuchen.

Im Winter ist es in Aserbaidschan kalt und in den Bergen fällt häufig Schnee. Diese Zeit ist für Skireisen geeignet.

Einkaufen

In den größeren Siedlungen gibt es überall kleine **Supermärkte**, die Lebensmittel, Wasser und andere Getränke (auch Alkohol) zu vergleichsweise günstigen Preisen anbieten. Viele Produkte stammen aus der Türkei, aber es gibt auch einige typische Produkte aus dem Kaukasus, wie zum Beispiel **Estragonlimonade** oder **Granatapfelsauce**, die zu Fleisch oder Fisch gereicht wird. Der lokale **Wodka** ist sehr günstig.

Wer in diesen kleinen Läden einkauft, braucht **Manat**, denn Kreditkarten werden normalerweise nur in gehobenen Restaurants und Geschäften akzeptiert.

In Baku gibt es mehrere Shoppingcenter, vornehmlich in der Gegend des Fountain Square. Es gibt **internationale Markenkleidung** und Schuhe, die jedoch recht teuer sind. **Pelze** sind verhältnismäßig günstig. Das Angebot an modernen Waren hat sich im Allgemeinen in den letzten Jahren sehr verbessert und es wird immer breiter.

In der Altstadt gibt es zahlreiche **Souvenirläden und einige Teppichgeschäfte**, die auch andere Handarbeit anbieten.

Geld und Reisekasse

Die Währung in Aserbaidschan ist der **Manat**, der mit AZN abgekürzt wird. Vielerorts wird der russische Rubel auch als Währung akzeptiert.

Am einfachsten lassen sich in Wechselstuben und Banken **US Dollar und Euro** wechseln. Die Wechselkurse unterliegen zum Teil großen Schwankungen, daher kann es sich lohnen, die Kurse zu vergleichen.

Wer **Devisen ins Land einführt**, muss diese bei der Einreise angeben. Dasselbe gilt für die Abreise, wobei darauf geachtet wird, dass der Betrag, der bei Ausreise angegeben wird, den, der bei Einreise angegeben wurde, nicht übersteigt.

Kreditkarten werden in großen Hotels und Restaurants meist akzeptiert. In kleineren Geschäften und Lokalen sollte man jedoch die lokale Währung bei sich haben. Mit Kreditkarten lässt sich an **Bankautomaten Geld abheben**.

Die **Einfuhr und Ausfuhr** der lokalen Währung ist **verboten**. Daher kann man nicht schon im Vorfeld der Reise die Landeswährung eintauschen.

Das Reisebudget muss nicht besonders üppig bemessen werden. Vor Ort findet man normalerweise eine Mahlzeit für 5 bis 10 Euro in günstigen Lokalen, für etwa 10-15 Euro in feineren Restaurants. Ein Bier kostet zwischen einem und zwei Euro je nach Location, eine Flasche Wasser zwischen 30 und 50 Cent und ein Kaffee mit einem Stück Kuchen um die 3-4 Euro.

Trinkgelder

Im Restaurant sind 5-10 Prozent Trinkgeld üblich, allerdings nur, wenn auf der Rechnung nicht schon eine **Servicegebühr** ausgewiesen ist.

Kofferträgern und Taxifahrern gibt man normalerweise 5-10 Manat als kleine Aufmerksamkeit.

Die **Reiseleiter und Fahrer** auf geführten Touren sind auf Trinkgelder angewiesen und erhalten normalerweise 1-2 Euro pro Person und Tag für den Fahrer sowie 2-3 Euro pro Person und Tag für den Reiseleiter.

Öffnungszeiten

Supermärkte haben oft schon früh geöffnet und schließen erst um 21 oder 22 Uhr. Alle anderen Geschäfte haben in der Regel von 9 bis 19 Uhr geöffnet. Restaurants und kleine Geschäfte gestalten ihre Öffnungszeiten nach Belieben, wobei vor allem **Restaurants und Bars** oft bis spät in die Nacht geöffnet sind.

Samstags und Sonntags sind **Banken und Verwaltungen** geschlossen, während Geschäfte nicht an diese Ruhezeiten gebunden sind. An Werktagen haben Banken von 10 bis 17 Uhr geöffnet. Wechselstuben haben meist auch später am Tag noch geöffnet. In Baku und an den touristisch interessanten Plätzen sind solche Wechselstuben meist leicht zu finden.

Diplomatische Vertretungen

Deutsche Botschaft
Baku ISR Plaza
Nizami Str. 69
1005 Baku
Tel: +994-124654100
Fax: +994-124654128
Email: info@baku.diplo.de
Webseite: http://www.baku.diplo.de
Geöffnet: Mo-Do 8:15-12:30 Uhr und 13:15-17:15 Uhr, Fr 8:15-12:30 Uhr und 13-15:45 Uhr

Österreichische Botschaft
Landmark III, 7. Stock
Nizami Street 90A
1010 Baku
Tel.: +994-12-4659933
Fax: +994-12-4659994
Email: baku-ob@bmeia.gv.at
Webseite:
http://www.bmeia.gv.at/botschaft/baku.html
Geöffnet: Mo-Fr 9-12:30 Uhr

Schweizer Botschaft
Böyük Qala Street 9
1004 Baku
Tel.: +994-124373850
Email: bku.vertretung@eda.admin.ch
Webseite: https://www.eda.admin.ch/baku

Fotografieren

Es ist verboten, **militärische Einrichtungen** zu fotografieren. Ansonsten gibt es keine Einschränkungen. Natürlich sollte man fragen, bevor man **Menschen fotografiert**. Das sollte überall in der Welt zum guten Ton gehören.

Maßeinheiten

In Aserbaidschan wird das **metrische System** benutzt. Alle Maßeinheiten sollten also mit denen in
Europa übereinstimmen.

Heyder Aliyev Eventzentrum in Baku

Sprachführer

Aserbaidschanisch:

Hallo	Salam!
Guten Tag	Salam!
Auf Wiedersehen	Hələlik!
	(sprich: Hälälitsch)
Ja	Bəli
	(sprich: Bäle)
Nein	Xeyr
	(sprich: Ssäir)
Danke (Du / Sie)	Sag ol! / Sag olun!
	(sprich: Sa ol/ olun)
Bitte! (Du / Sie)	Buyur! / Buyurun!
Prost!	Saglığına!
	(sprich: Sahchläana)
Entschuldigung	Bağışlıyın
	(sprich: bachschlana)
Hilfe	Kömək edin
Toilette	Tualet / Ayaqyolu
Ich heiße ...	Mənim adım ...
Ich hätte gerne ...	...istərdim.
Was kostet ...?	...neçəyədir?
Zahlen bitte!	Zəhmət olmasa
	hesabı gətirin!

Ich spreche kein Aserbaidschanisch.

Mən azərbaycanca danışa bilmirəm.

| Eingang | Giriş |
| Ausgang | Çıxış |

Zahlen:

eins	bir
zwei	iki
drei	üç
vier	dörd
fünf	beş
sechs	altı
sieben	yeddi
acht	səkkiz
neun	doqquz
zehn	on

Wochentage:

Montag	bazar ertəsi (Ba)
Dienstag	çərşənbə axşamı (Ça)
Mittwoch	çərşənbə (Ç)
Donnerstag	cümə axşamı (Ca)
Freitag	cümə (C)
Samstag	şənbə (Ş)
Sonntag	Bazar (B)

Register

Impressum
ISBN: 9 783 752 811 674
© 2018: Beatrice Sonntag
Illustrationen und Bilder: Dagmar Schirra
Herstellung und Verlag: BoD – Books on Demand, Norderstedt

Lightning Source UK Ltd.
Milton Keynes UK
UKHW010707260919
350502UK00002B/425/P